重阳

文字·苏 槿
插画·萧三闲

中国节

五洲传播出版社

图书在版编目（CIP）数据

重阳 / 苏槿，萧三闲著. -- 北京：五洲传播出版社，2021.4

ISBN 978-7-5085-4565-3

I.①重… II.①苏… ②萧… III.①节日 - 风俗习惯 - 介绍 - 中国 IV.①K892.1

中国版本图书馆 CIP 数据核字 (2021) 第 010438 号

重阳

文　　字	苏　槿
插　　画	萧三闲
出 版 人	荆孝敏
责任编辑	梁　媛
装帧设计	红方众文　张芳芳　朱丽娜
出版发行	五洲传播出版社
地　　址	北京市海淀区北三环中路 31 号生产力大楼 B 座 6 层
邮　　编	100088
发行电话	010-82005927，010-82007837
网　　址	http://www.cicc.org.cn，http://www.thatsbooks.com
印　　刷	北京市房山腾龙印刷厂
版　　次	2021 年 4 月第 1 版第 1 次印刷
开　　本	889mm×1194mm　1/32
印　　张	5
字　　数	160 千
定　　价	49.80 元

佳节又重阳

独在异乡为异客,每逢佳节倍思亲。
遥知兄弟登高处,遍插茱萸少一人。

相信很多人都是通过王维这首《九月九日忆山东兄弟》认识和了解重阳节的。与其说诗人所描述的是自己当年独在异乡过重阳的情形,不如说他为我们描绘了每一个人都可能遭遇的人生场景,佳节复佳节,欢聚复欢聚,但缺憾仍然无可避免。

重阳,又是一个家人团聚的佳节。此时正值秋收结束,丰收喜人,祭祀酬神、告慰祖先正当时。祭祀之余,大家趁着秋高气爽好天气,到郊外放松娱乐,登高望远也在情理之中。

重阳节在传统的庆丰收、祀天地、祭祖宗、登高辞青等内容之外,还跟长寿有关。"九九"重阳,"久久"重阳,人们对长寿的祈愿无非有两种:一是颂寿,即祝福他人长寿,通常是对自己的父母长辈;一是祈愿自己健康长寿。

且不说历代帝王求永生的,普通人也从来不避讳对健康长寿的向往：孩子一生下来，就会为他挂上长命锁，祝他福寿永昌、长命百岁；人上了年纪之后，就更是希望自己得到别人同样的祝福。因此，中国传统"五福"所谓福、禄、寿、喜、财，寿是最重要的。无论在什么地方，长寿老人、百岁老人不仅被称作"寿星"，更被视为"福星"。

据考证，"寿"字最早出现的地方，是在商周之前的古陶器上，及至周代的青铜神器上更是大量可见，在后世还演绎出多种字体和花纹。而在《诗经》里，颂寿也不止一次出现，如"绥我眉寿，黄耇无疆"（赐我平安得长寿，长寿无终保安康），再如"如日之恒，如月之升。如南山之寿，不骞不崩。如松柏之茂，无不尔或承"。后世流行的祝寿语"寿比南山不老松"，即来源于此。

重阳节与献寿、颂寿的关系，也是古已有之。至少，我们从南朝梁庾肩吾的诗句"献寿重阳节，回銮上苑中"（《侍宴九日诗》）可以找到明确的答案。而重阳节赏菊、饮菊花酒等习俗，则是中国人自古就有的重阳佳节求寿习俗的明证，因为古人称菊花为"延寿客"，西汉刘歆《西京杂记》更是明确记载："九月九日，饮菊花酒，令人长寿"。南北朝的《荆楚岁时记》也有同样的记载。

祝福长寿，尊老、敬老、助老，也是中国社会自古以来就有的优良传统。先秦孟子就提出"老吾老，以及人之老"，被奉为至孝之道和社会化养老理念。而历代政府也在这个问题上颁布相关政策，采取实际行动，如：周代每年举行"乡饮酒礼"，旨在"敬老尊贤"，促进社会稳定；如春秋战国时期，70岁以上老人就享有免赋役的特权；秦汉时期，国家每年仲春、仲秋举行两次养老礼；汉成帝时期颁布了中国最早的敬老法令《王杖诏书令》，规定由朝廷授予年满70岁的老人"王杖"，持杖老人可以享受种种特殊权利，连同其家人也可以享受部分特权；唐代，男子70岁、妇女75岁以上的，都安排子女奉养；明代则特别优待老人，还为80岁以上"贫无产业者"，每月发放5斗米、5斤肉……1989年，中国将农历九月九日正式确定为"中国老年节"。这既是传统孝亲敬老文化的传承和延续，也是对重阳节尊老敬老内涵的赋新。

　　孝亲敬老是中华民族独特的传统文化血脉，助力中华民族及其精神文化绵延至今。重阳节，正是这条文化血脉世代传承延续的一种重要形式和仪式。

目录

序
佳节又重阳 _005

第一章
多面重阳 _011

从传说中走出来的重阳节 _014

九九重阳，久久重阳 _021

世界各国的敬老日 _035

第二章
登高、赏菊，都是重阳事儿 _039

名目多多的重阳节 _042

从祭祖到敬老 _044

祭轩辕黄帝 _046

重阳秋色好，不如登个高 _049

年年重阳日,还来就菊花 _062
茱萸、菊花插满头 _074
重阳放晦气,纸鹞来助力 _082
重阳也是女儿节 _086
篁岭晒秋,重阳丰收的诗意 _089

第三章
重阳就该这么吃 _093

迎霜宴上吃只兔 _096
重阳吃糕百事高 _100
痛饮菊花酒 _108
重阳吃羊故事多 _115
石榴红、柿子黄,秋来贺重阳 _120
螃蟹,吃过中秋又盼重阳 _124

第四章
诗意重阳道古今 _129

诗词佐酒话重阳 _132
重阳佳景入画来 _141
名家忆重阳 _150

第一章 多面重阳

重阳节起源于先民早期祭祀天地神明的仪式，结合秋收的庆祝活动被赋予了新的价值。古人为了驱邪避祸，佩戴茱萸；为了求寿养生，于是饮酒赏菊；为了健身解压，于是登高辞青。

　　重阳节最值得关注和传承的，便是从求寿衍生而来的敬老文化，也就是以实际行动践行孟子"老吾老，以及人之老"的传统尊老、敬老、助老理念。

　　清明与重阳，一个迎春，一个辞秋，都是大自然的重要节点，因而最富有生命哲理。同样，人老幼少长，也是人生的节点，借由重阳这样与时令紧密相连的节日与自然发生关联，既符合中国传统天人合一的理念，也富有生命哲理。

从传说中走出来的重阳节

中国的传统节日总是与传说故事密不可分,重阳节也不例外。因为一个叫桓景的年轻人,才有了后来的重阳节。该传说见于南朝梁吴均的神话志怪小说《续齐谐记》。明朝末年,程登吉将这则传说编撰进古代儿童的启蒙读物《幼学琼林》中,家喻户晓。

《续齐谐记》记载,东汉年间,汝河有个瘟魔,只要它一出现,天天都会有人丧命,家家都有人病倒,百姓受尽了瘟魔的蹂躏。又一年,瘟魔带来了一场瘟疫,夺去了桓景父母的生命,连桓景自己也差点性命不保。痛定思痛,病愈的恒景决定辞别妻儿和乡亲,求仙学道,誓要为民除害。功夫不负有心人,桓景遍访名山高士,终于打听到东方的一座山上有一个法力无边的仙长费长房。桓景历经艰险,在仙鹤的指引下终于攀上高山,见到仙长。仙长颇为感动,收留了桓景,教他降妖除魔的剑术,桓景颇为聪明,再加上日夜苦练,终于练出一身本领。

有一天,仙长将桓景叫到跟前交代道:"明日九月初九,瘟

桓景骑鹤

魔又要出来作恶。你应该回去为民除害了。"临行前,仙长送给他一包茱萸叶、一盅菊花酒,密授避邪用法,让桓景骑着仙鹤赶回家去。

桓景回来的时候,已经是九月初九的清晨。他按照仙长的嘱咐,先是把乡亲们带到附近的一座山上,发给每人一片茱萸叶,一杯菊花酒。待到中午,瘟魔钻出汝河,扑到山下,却突然止步。恒景见此情景，便手持宝剑冲下山，将瘟魔刺死。

从此，汝河一带再也没有瘟魔兴风作浪，但是每年九月初九日，人们还是会登高，采茱萸，饮菊花酒。因为九月初九，双九之日代表长长久久，后来，这一天便又增加了祈求健康长寿之意。明朝末年，程登吉将这则传说编撰进了古代儿童启蒙读物《幼学琼林》中。

很多传说故事并非节日的真实起源，都是后人因缘附会上去的。那么，从历史的角度去追溯，重阳节究竟起源于何时呢？

史料上关于重阳节起源的记载，大致分为了三种说法，包括祭祀天地说、求寿说和祭祀火神说。

祭祀天地说

和很多传统节日一样，重阳节最初的诞生是为了辟邪消灾，祈求福祉。

农历九月，金秋时节，百谷丰收。《吕氏春秋·季秋纪》中记录："（九月）命冢宰，农事备收，举五种之要。藏帝籍之收于神仓，祗敬必饬。是日也，大飨帝，尝牺牲，告备于天子。"这段记载被认为是重阳节起源的最早记载。可见，先秦时期秋九月，农作物丰收，要以秋之收成祭飨天地、祭祀祖先，告慰天地和祖先的庇佑。"天地者，生之本也；先祖者，类之本也。"无论何时何地，中国古人将天地、先祖奉为最高的信仰，这是刻入了每一个中国人精神骨髓的文化特征。

祭祀天地、神明、祖先，农作物就是祭物，在祭祀过后，往往还会举行庆祝丰收的宴会。这便是后来重阳宴饮的雏形。

无论哪一种说法，其实都是中国古人朴素信仰观的一种体现。正因为有了这样的信仰，才有了节日的诞生，赋予了节日的内涵。

求寿说

从祈求平安顺遂到长寿安乐，这中间走了几百年。

戚夫人下棋饮菊花酒

当人们的视角从关注风调雨顺、五谷丰登转移到自己身上时，便有了长寿健康的诉求。

据说，九月初九的祭祀最初只是流行于宫廷之中，到了汉代，高祖刘邦的宠姬戚夫人最喜欢重阳日在宫中一边饮菊花酒，一边下棋。她的这一雅好被侍女贾佩兰深深记在心上。后来，戚夫人为吕后所害，贾佩兰也遭驱逐出宫。贾佩兰出宫后，见人便说，皇宫里的人到了九月初九都要佩戴茱萸、食蓬饵、饮菊花酒，如此可求长寿。大家一听，纷纷效仿，成为重阳日的固定习俗，传播开来。

汉代刘歆将此见闻收录进了《西京杂记》："九月九日，佩茱萸，食蓬饵，饮菊花酒，云令人长寿。"

祭祀火神说

古人观天象以测人事。茫茫宇宙中的天体，是与古人息息相关的映照。

九月，季秋，此时，在古代季节星宿中占有重要意义的"大火"星将要退场，这令大家非常不安。大火星是中国古代二十八星宿中隶属东方苍龙的七个之一，等同于西方天文学天蝎座的一颗星。《国风·豳风·七月》中载："七月流火"。此处的"火"，即指大火星。每年农历五月的黄昏，大火星升上正南方的高空，到了七月，位置由中天高位逐渐西沉，所以人们才

重阳

江南赤豆饭祭灶

说"知暑渐退而秋将至",这种现象就是"七月流火"。到了九月,随着大火星的隐退,宣告漫长的冬天即将到来,大火星的"休假"让人们的生产和生活突然之间都没有了参考目标,所以在此时,要举行隆重的送别大火星仪式,以期来年大火星能按时"复工",继续给人们指明前路。由此可以看出,无论是清明迎火,还是重阳送火,其实都是以"大火星"的出没轨迹为依据来设定的。清明节、重阳节衍生出来的习俗,比如清明踏青、重阳辞青、登高避忌等,都是古人围绕这样的时节感受而展开的活动。到了后来,虽然九月祭火神的仪式渐渐"退场",但因阳气衰退,季节更替,物候变化而产生的一应习俗却沿袭下来,成为重阳节重要的习俗。

随着人们对自然规律认知的深入,天象对生产生活的影响渐渐减弱,祭祀火神或大火星的仪式不复存在,但在后世重阳节的一些古老遗俗中,似乎还能找到一点曾经的痕迹,比如江南部分地区仍保留着重阳节以赤豆饭祭灶的习俗,而灶神被视为居家的火神,这也许跟远古先民九月祭祀"大火"有着些许内在联系。

九九重阳，久久重阳

九九重阳，在《楚辞》中就已提到了。屈原的《远游》里写道："集重阳入帝宫兮，造旬始而观清都"。不过，这里的"重阳"是指天，而不是我们今天所熟悉的重阳节。

九九归真，一元肇始，古人认为九九重阳是吉祥的日子。古时，民间在重阳节有登高祈福、秋游赏菊、佩插茱萸、拜神祭祖及饮宴祈寿等习俗，后来又增加了感恩敬老等内涵。登高赏秋与感恩敬老已成为当今重阳节日活动的两大重要主题。

三国时魏文帝曹丕《九日与钟繇书》中明确写出了重阳饮宴："岁往月来，忽复九月九日。九为阳数，而日月并应，俗嘉其名，以为宜于长久，故以享宴高会。"

晋代陶渊明在《九日闲居》诗序文中说："余闲居，爱重九之名。秋菊盈园，而持醪靡由，空服九华，寄怀于言。"由此可推论，魏晋时期的重阳日已有了饮酒、赏菊的习俗。

明代张岱著《夜航船》云："九为阳数，其日与月并应，故曰'重阳'"。

九月九，既是如此吉利的好日子，最初被赋予的功能当然是趋吉避凶、驱邪避祸，灾祸免除，再借秋收之际庆祝丰收。庆祝丰收，宴饮当然必不可少，新收的农作物在祭祀天地神明和祖先之后，成为大家享用的美食。美食当然配美酒，随便再来点娱乐活动。于是饮菊花酒、登高辞青成为重阳节最有意思的隐藏意义。

汉至魏晋，从避邪到祈寿、设宴

历史上第一次出现有记载的"重阳"，是在屈原的诗歌《远游》中，这已经是2000多年前的事情了。"集重阳入帝宫兮，造旬始而观清都"，屈原说积集九重阳气进入帝宫，探访旬始星参观清都天庭。可以看出，至少在屈原所在的那个时代，"重阳"还不是指的一个节日，而是指"九重阳气"。

两汉年间，重阳开始被赋予一些固定的风俗，这其中就包括登高、插茱萸、饮菊花酒。

到了三国时期，重阳更加"高大上"了，它不仅走入了贵族和士族阶层的生活，还成为这些权贵们举行高规格宴饮的重要日子。魏文帝曹丕在《九日与钟繇书》中写道："岁往月来，忽复九月九日。九为阳数，而日月并应，俗嘉其名，以为宜于长久，故以享宴高会。"他说，九月九日是长长久久的意思，所以要举办宴会。后来,南北朝梁宗懔《荆楚岁时记》也没有忘记补一句:"九月九日,四民并籍野饮宴。"隋代的杜公瞻注云:"九月九日宴会,未知起于何代,然自驻至宋未改。"这样高规格的宴饮不知道源于何时,但是一直到南朝刘宋时期依然延续着这样的习俗。

饮菊花酒,这样的雅事是一个东晋名人的发明,就是那个写"采菊东篱下,悠然见南山"的陶渊明。现代人追逐的仙侠剧情节,在魏晋南北朝几乎天天上演。道教信众们将羽化登仙、长生不老作为修炼的最终目的,于是出现了很多服食菊花以期长寿成仙的人。如果不是遇到陶渊明,也许菊花会以另外一种意象出现在世人眼中。

陶渊明其实也未能免俗。他辞官归隐乡间,在院子里种满菊花,其实最初的目的也是因为菊花的药用价值。只是后来,陶渊明渐渐与这满院的菊花处成了"知己",他将心事全然付诸菊花,也将菊花清高隐逸孤傲的性格自拟,脱口而出"采菊东篱下,悠然见南山"。从此,人们对菊花另眼相看,不再是因为可酿酒,祈长寿,更是为了这份难得的心境。

陶渊明还在重阳日作一首《九日闲居》,序言说道:"余闲居,爱重九之名。秋菊盈园,而持醪靡由,空服九华,寄怀于言。"他说自己闲居无事,很喜欢"重九"之名,这日秋菊满园,想喝酒却无酒可喝,独自空对着秋菊丛,写下此诗以寄托情怀。

有了陶渊明在重阳日赏菊的先河,后世文人纷纷效仿,南

陶渊明《九日闲居》

朝诗人范泰曾作一诗,名为《九月九日诗》,显然就是为重阳而写的。"劲风肃林阿,鸣雁惊时候。篱菊熙寒丛,竹枝不改茂。"此中篱菊,就是陶渊明东篱下的那片菊花。

有了菊花,就有了重阳的审美情趣,不再是简单的避邪求寿的活动,也开始有了抒发情志的精神需求。

唐代：宴饮赋诗，放假发钱

到了唐代，重阳开始彰显"大节"气势。

初唐诗人宋之问写过四首重阳诗，其中一首《奉和九日登慈恩寺浮图应制》写道："瑞塔千寻起，仙舆九日来。萸房陈宝席，菊蕊散花台。御气鹏霄近，升高凤野开。天歌将梵乐，空里共裴回。"更有诗人借菊花与重阳，抒发自己的人生态度，如崔国辅的《九日》："江边枫落菊花黄，少长登高一望乡。九日陶家虽载酒，三年楚客已沾裳。"菊花盛开的重阳，诗人登高远眺，思乡的情愁泛上心头……

除了插茱萸、登高的传统项目，重阳陶菊经过初唐文人的渲染，也站上了重阳"标配"的位置。到了盛唐时期，重阳赏菊已经是习俗。在很多诗人笔下，重阳甚至有了"菊花节"的别称——"从来菊花节，早已醉东篱。"（唐·刘慎虚《九日送人》）

百姓登高，文人咏菊，至于帝王将相，还要比拼骑射。唐代贞观年间的重阳，唐太宗就曾赐五品以上文武官员玄武门骑射。天宝年间，玄宗重阳游猎沙苑，射得孤鹤一只，被传为四川青城山成仙道士徐佐卿所变。这些故事无从考证，但至少可以说明，重阳节备受唐朝皇帝的青睐。

唐中宗李显也喜欢重阳，还喜欢遍邀群臣重阳赋诗。据史料记载，唐景龙二年（708年），"九月，幸慈恩寺塔，上官氏献诗，群臣并赋"。景龙三年（709年），登临渭亭还即兴赋诗一首："九

唐太宗赐五品以上文武官员玄武门骑射

日正乘秋,三杯兴已周。泛桂迎尊满,吹花向酒浮。长房萸早熟,彭泽菊初收。何藉龙沙上,方得恣淹留。"(《九月九日幸临渭亭登高得秋字》)不仅要大张旗鼓地过重阳,还要在重阳这一日留下诸多篇章,以告诉后人:看,我们把重阳玩得多雅!从那以后,每逢重阳,权贵们登高宴饮、赋诗同游几乎成为定式。

重阳既然有这么多事情要做,要求放假的呼声应该很高。于是,开元年间,唐玄宗将重阳节上升为官节:九月初九不上班。在《唐六典》卷二中,记载了九月九日休假一日的假节令。说是放一天假,但是很显然,登高游宴、赏菊,还有骑射等等都是很耗时的,一天根本不够用。所以,有的人连着休三天假,从九月初八一直嗨到九月初十。最起码可以连着初九初十休两日,相当于现在的一个周末。这大概是因为,除了九月初九被定为法定节假日,每隔十天还有一次旬假,通常都在每旬之末休息一日,游山玩水,约饭约酒,岂不快哉!

唐代纪实文学类书籍《辇下岁时记》记载:"都城重九后一日宴赏,号小重阳。"大诗人李白也在唐代宗宝应元年写下《九月十日即事》:"昨日登高罢,今朝更举觞。菊花何太苦,遭此两重阳。"由此可见九月初十"小重阳"的风俗。

据说,唐朝的节日真不少,大大小小有近30个,到了唐德宗时,曾规定以"二朔""上巳""九月九"为岁时三节令。从那时起,重阳节的习俗活动流行全国。不仅如此,唐德宗时期,官员们过节还领上了过节费。《唐会要》卷二十九《追赏》记载:"正月晦日、三月三日、九月九日三节日……每节宰相以下及常参官共赐钱五百贯,翰林学士共赐一百贯……各省诸道奏事官,

唐朝官吏重阳领过节费

共赐一百贯。"既然过节费都发下来了，宴席、聚会必须安排上。

如果被皇帝召去曲江宴饮，那更是人生的巅峰。大诗人白居易就曾在唐宪宗元和二年（807年），参加了最高规格的重阳宴会——重阳曲江宴会，为此专门写了《九月九日谢恩赐宴曲江会状》："今日伏奉进止，赐臣等於曲江宴会，特加宣慰，并赐酒脯等者。伏以重阳令节，大有丰年，赐宴於无事之朝，追欢於最胜之地。"欢乐之情溢于言表。在贬官江州、仕途上遭遇重大挫折以后，白居易再难现昔日重阳宴饮时的意气风发。晚年的他闲居洛阳，想忘掉官场上的浮云浮事。"霜逢旧鬓三分白，露菊新花一半黄。惆怅东篱不同醉，陶家明日是重阳"。（《九月八日酬皇甫十见赠》）陶渊明的那份旷达心境，终于在九月的秋霜和新菊中与白居易不期而遇，他释然了……卸下巅峰时刻的光环笼罩，回归自我生命的反思和关照，这不也是重阳节的意义吗？

宋代：兼得诗意与生活

"薄雾浓云愁永昼，瑞脑销金兽。佳节又重阳，玉枕纱厨，半夜凉初透。

东篱把酒黄昏后，有暗香盈袖。莫道不销魂，帘卷西风，人比黄花瘦。"

——《醉花阴·薄雾浓云愁永昼》

李清照新婚后的这个重阳节,被淡淡的愁云笼罩,因为和丈夫分隔两地,佳节来到时,更加思念亲人,更显落寞和孤独。因为是重阳,李清照还喝了点小酒,淡淡的菊香沾满了双袖。

重阳思亲,李清照不是第一人,唐时的王维就已经开了先河,"独在异乡为异客,每逢佳节倍思亲。遥知兄弟登高处,遍插茱萸少一人。"

和唐代一样,宋代的重阳节也是要放假的。宋太祖颁布诏令:"除旧制给假外,每月旬假、上巳、社日、重午、重阳,并休务一日。"(《文献统考》)北宋初年,重阳节的法定假期为一天。到了宋神宗年间,各大假期几乎都被延长了,其中,重阳由一日延长到两日。有的乡下地方的孩子们福利就更好了,据南宋方觉琏《乡塾纪》记载:"中伏、中秋、重九及春秋二社,各给假四日。"也就是说,乡下孩子的重阳节可以放四天假!那他们怎么玩呢?据说,他们爱用红色丝线系一枚大蒜,往脖子上一挂,说这是"会计算(系蒜)";又或者用一根竹竿绑一棵大葱,去捅窗户纸,叫作"开聪明(葱明)"。借节日之名耍小聪明,历朝历代的"熊孩子"都是这么干的。

宋朝老百姓如何过重阳节呢?登高是必须的吧。宋人登高可没有前朝那么方便,不过,没有条件,创造条件也要上;宴饮,更是宋人的心头好。据说陆游在远赴四川的途中正好遇上重阳节,于是到村里买了羊肉和酒,还要了菊花,此等闲情,放到如今,绝对可以登上热搜。除了插茱萸,宋朝的男人还流

陆游入川

行头上戴花。市面上会出现各式各样的重阳糕,是重阳节的断货爆款。菊花,则是文人雅士追逐的对象。宋人不仅要赏菊花,作咏菊词,甚至还要佩戴菊花香囊,喝菊花酒更是少不得。可见,宋代的重阳节是有吃有喝,有诗意也有生活。

明清:一度曾是女儿节

明代,端午曾一度为女儿节。五月初五,出嫁的女儿们可以回娘家,躲端午。到了九月初九,又是一个女儿节。据明刘侗、于奕正《帝京景物略》记载,九月九日这天,"父母家必迎女来食花糕,或不得迎,母则诟,女则怨诧,小妹则泣,望其姊姨,亦曰女儿节。"这一天,如果娘家不请嫁出去的女儿回来吃花糕,

明代帝后重阳登万岁山

所有女性亲人都不会开心。其实,重阳节和女儿节的联系,可以追溯至西汉。

西汉人刘歆在《西京杂记》中就有"三月上巳,九月重阳,使女游戏,祓禊登高"的记述。后来,又有重九日为双重阳数,为了求个吉利,这一日,男人们要从女人手中接过家务,得闲的女人们则欢欢喜喜地回娘家去过个节,顺便尽点孝心。

民间重阳迎女要做花糕,宫廷里也要做花糕。在明代,皇帝和后妃们自九月初一开始就要吃花糕以示庆贺,到了九月初九,皇帝更要亲自到万岁山登高,以畅秋志,此风俗一直延续至清代。清代的北京地区,人们不再将菊花簪于头上,而是将菊花枝叶贴于门窗子上,据说也是为了驱邪避秽,以招吉祥。

清代北京人将菊花枝叶贴窗户上的习俗

新时代的重阳节

重阳,秋高气爽,时至今日,我们仍然有登高远眺,抒发心志的习俗。每年金秋的公园赏菊大会人满为患;江南地区,重阳糕在金秋时节飘着香气,江西婺源的瓜果又丰收了;陕西的农村家家户户门口照样会插上茱萸,走亲访友时,也不忘给亲人捎上一捆。

九九重阳,今又重阳。历经几千年的演变发展至今,重阳节被赋予了新的含义。1989年,中国政府将每年的农历九月九日定为老人节,将传统与现代和谐地结合起来,使这一传统佳节成为尊老、敬老、爱老、助老的新节日。2006年5月20日,重阳节被国务院列入首批国家级非物质文化遗产名录。2012年12月28日,中国全国人大常委会表决通过新修改的《老年人权益保障法》,明确规定每年农历九月初九为老年节。

2013年农历九月初九,中国迎来首个法定老年节,全国各地开展了丰富多彩的尊老、敬老、助老活动,传统佳节重阳节在中华大地上再次焕发全新活力。

世界各国的敬老日

为进一步增强国际社会对人口老龄化问题的重视，1990年12月14日，联合国大会通过决议，决定从1991年开始，每年的10月1日为"国际老年人日"。除此之外，世界上很多国家都有自己的敬老节或者老人节。

伊朗可以说是一年中最早过老人节的国家。每年1月7日，伊朗的儿女们都要为老人做"七道菜"，让老人一一品尝，象征着老人生活幸福、健康长寿。

日本的敬老日在每年九月的第三个星期一。日本的敬老节是战后日本政府为鼓励尊老敬老而规定的，不过日本敬老的传统确是由来已久。

和中国的重阳节相似的是，日本的敬老节也有祝福老人健康长寿，向他们表达敬意的意思。日本的敬老活动包括为老人体检、修缮房屋、组织慰问等。日本政府还会在这一天向70岁以上的老人发敬老金，还要发表"全国百岁以上老人顺序名单"。敬老节也是日本的法定节假日，就是为了让儿女们能回家陪伴父母。

韩国则规定每年的5月8日为庆祝父母节，这是一个专门为感谢父母而设立的节日。这个节日是从20世纪50年代的母亲节演变而来的，是韩国民众非常重视的一个家庭节日。在这一天，儿女们不仅要看望父母，并且向父母行韩国传统的跪拜礼，同时送上准备的鲜花和礼物，接受父母的教导。

每年的9月，美国有一个祖父母节，在美国劳动节后的第一个星期日。这个节日源自1978年，初衷是期望唤起人们对长者的重视。当年，一位名为玛丽莲·麦科德的84岁老人，有15个孩子，40个孙子，8个曾孙，她一直希望能建立一个美国祖父母节，以表达对老年人的敬意和祝福。经过5年的不断游说和宣传，1973年，当时的西维吉尼亚州州长宣布5月27日为该州的祖父母节。1978年，玛丽莲又成功地说服了当时的美国总统吉米·卡特签署了一项法案，将每年9月第一个星期一之后的周日定为美国的"祖父母节"，全国各地都要举办敬老活动，至今已有40多年历史。

加拿大则另辟蹊径，他们送给老人的礼物并非鲜花，也并非有什么特殊的敬老活动，而是欢笑。每年的6月21日或者22日，夏天日照最长的一天，是加拿大一年一度的笑节。笑节很特殊，是专门为老人设立的。每逢这个节日到来时，儿女们都要想方设法逗老人开心，喜剧明星还会在老人院举行义演，电视台甚至会专门推出老人助笑节目。因为他们觉得，没有什么比开心更重要。中国有句俗话，"笑一笑，十年少"。这一点和我们中国人的观念倒是不谋而合的。

希腊也有一个"尊老节"，和重阳节一样，会选在金秋时节。届时的克里特岛会择吉日举行。大家会表演各种各样的节目向老人们致意，为他们祝福。老人们也会登台表演，与大家同乐。除此之外，还有老年人运动会，其中最受欢迎的就是老年人赛跑，分70年龄组、80年龄组、90年龄组，以及90以上年龄组。看着老人们不矫健却坚定的步伐，蹒跚却相互搀扶的身影，会不会突然觉得很有爱，很感慨？

在韩国，大家会在父母节向父母行跪拜礼

第二章

登高、赏菊，都是重阳事儿

重阳节干什么？登高、赏菊、饮酒、聚会、遍插茱萸，但中国地大物博、幅员辽阔，各地的人们还将重阳过出了具有地方色彩的节日味道。

重阳节在农历的九月初九，这是"重阳节"之名的由来。除此之外，重阳节还有很多别名，比如，因为在这一日要登高祈福，故名登高节；因为要赏菊花、饮菊花酒，故名"菊花会"；又因为有遍插茱萸的习俗，也有"茱萸节"之称。

当然，重阳节还有颇为小众的过法。时至今日，河北省香河县的重阳节，姻亲之家依然会互送礼物，称为"追节"；福建省长汀县，农家人会在重阳这一日摘下地里的毛豆馈赠，所以又有了"毛豆节"的称呼。

有的地方，重阳节竟然不在九月九日过，比如江苏扬州等地，九月初一就开始过节了，谓之"小重阳"，初九再过一个"大重阳"；在湖南沅陵，"小重阳"被安排在九月十三，"大重阳"则要到九月十九。

名目多多的重阳节

因在农历的九月初九,才有了"重阳节"之名。除此之外,重阳节还有很多别名。

比如,因为在这一日要登高祈福,故名登高节。旧时山西虞乡、荣河一带,就将重阳节叫登高节。在今天的河南南阳等地,不仅要重阳登山,还有喊山大赛,喊的话都是"祝您健康长寿""白头偕老""家庭美满"等美好吉祥的祝福。

重阳因为要赏菊花、饮菊花酒,故名"菊花会"。又因为有遍插茱萸的习俗,也有"茱萸节"之称。安徽铜陵县的重阳节,要削竹马为戏,据说可以驱逐瘟疫,迎接山神,在当地称作"龙烛会"。在福建霞浦,每逢重阳之时,人们要聚集山上,举行茱萸会。而陕西安塞地区的人们因为要在此日食新,所以在当地,又叫作"过重阳"。

陕西汉中西乡县,亲友之间不仅会互赠菊花、花糕等,妇女也会采些茱萸应景。按当地人的说法,这种红果子可以治心口疼。陕北地区的人们则在夜晚"过重阳"。因为重阳依然是农

忙之际,所以白天还有很多收割的农活要做。到了晚上,用荞面煮羊肉。吃过之后,人们走出家门,爬上山头,你一句我一句地聊了起来,直到鸡叫天明方才离开。不仅如此,还要摘几把野菊花插在女儿头上,谓之辟邪。而莆仙的沿海地带因为有九月九日妈祖升天的传说,所以当地乡民要在这一日相聚妈祖庙或者天后宫祭祀,求得庇佑之俗。

有的地方,重阳节还不只一天,比如江苏扬州等地,九月初一就开始过节了,谓之"小重阳",初九再过一个"大重阳"。在湖南沅陵,"小重阳"被安排在九月十三,"大重阳"则要到九月十九。

从祭祖到敬老

随着社会的发展,重阳节渐渐成为与除夕、清明、中元并立的中国古代四大祭祖节日。这样一来,春夏秋冬四个季节,都有一个礼敬先祖、缅怀先祖、慎终追远的日子。不忘本,是中国人的传统观念之一。这个"本",就是我们从何而来的根本,它时时刻刻提醒着我们,要饮水思源,懂得感恩。

重阳节因为正值丰收的秋季,所以拜祭的祀品和祷告的内容都和另外三个祭祖节日有所不同。首先,祭祀的物品中一定要有新收成的作物,叩谢天地,感恩一年风调雨顺;告慰祖先,感谢祖先恩德庇佑。人们沉浸在丰收的喜悦中,并将这份喜悦与先祖分享,以求年年岁岁,收成丰沛。

重阳祭祖是全家都会参加的,唐代诗人王维在《九月九日忆山东兄弟》中写道:"独在异乡为异客,每逢佳节倍思亲。遥知兄弟登高处,遍插茱萸少一人。"想到往年的九月九日,都和亲人一起登高,想必也少不了祭祀先祖的环节,而这一年却不能和手足团聚,共话重阳,难免落寞。

岁月流转,时代变迁,重阳祭祖的内涵已经慢慢淡化。秋高气爽,孩子们会像清明节一样,飞起一只好看的风筝。大人们说,把风筝飞得高一点,你想念的亲人会在天上看得见。

重阳节,慎终追远是为了爱,孝敬老人,让老人感到来自晚辈的关怀也是为了爱。让敬老爱老活动成为重阳节最重要的仪式感,是新时代下重阳节最温情的精神内涵。

祭轩辕黄帝

桥山巍巍,沮水汤汤。九九归一,九九重阳。

每年九月初九,一场声势浩大、庄严肃穆的祭祀轩辕黄帝的仪式在陕西省黄陵县桥山之巅的黄帝陵隆重举行。相传,这一日是轩辕黄帝逸仙之日。

黄帝,是中国原始社会黄河流域的部落首领,关于黄帝的传说很多,他发明了养蚕、舟车、文字音律,创造了算数医学,是一位有大智慧和大功德之人。他是中华文明的开拓者和奠基人,被奉为中华民族的人文始祖。

千百年来,祭祀轩辕黄帝的礼仪世代相传,绵延不断,并且有公祭和民祭之分。公祭,是以官方名义组织的有严格规模、等级和仪式的大型祭祀活动。据《绎史》记载:"黄帝崩,其臣左彻取衣冠几杖而庙祀之。"黄帝祭祀从此开始。最早有记载的公祭活动源于春秋时期,直到现在,历经千年不衰,成为国家祭祀大典。当代,公祭黄帝活动会在清明节隆重举行。

民祭活动则在每年的重阳节举行,农历九月初九 9:50,祭

九月初九，黄帝陵祭黄帝

祀典礼正式开始。来自海内外的中华儿女齐聚这里,共同拜祭中华民族的人文始祖。击鼓九通,鸣钟九响,九九归一,九州和谐。当古乐声响起,各界代表登台敬献花篮,接着,来自全国各地的民族群众代表载歌载舞,呈现56个民族,同根共祭,携手向前的和谐画面。

无论是清明公祭还是重阳民祭,都是中华儿女同心同德,饮水思源,慎终追远,民德归厚的民族精神彰显。

祭祀黄帝已成为传承中华文明,凝聚华夏儿女,开创美好生活的重大活动。2006年,陕西省黄陵县黄帝陵祭典被列入第一批国家级非物质文化遗产名录。

重阳秋色好,不如登个高

每每重阳,我们总会想起王维的经典名句"遥知兄弟登高处,遍插茱萸少一人"。登高,是重阳节最重要的传统。古人为何要在重阳节登高,理由可能有许多种,其中一种,想必是因为天朗气清,四下景色甚好。只有站在高处,才能看到更美的风景。"会当凌绝顶,一览众山小。"

关于重阳登高,有很多历史传说,其中一则故事发生在骊山脚下。

有一次,一个卜卦先生借宿骊山下的一户人家,因为家里不宽敞,男主人便在灶房临时打了个草铺,让妻儿睡草铺,将炕头让给卜卦先生睡。此日清晨,卜卦先生告辞,主人家为他做了一顿好吃的,又给他装了一袋白馍路上吃。卜卦先生因为感激这家人,临行前告诉他们,九月初九那天,全家人务必要往高处走。这家人虽然觉得有些无厘头,但本着出门郊游的心态,到了九月初九,便带上花糕酒食,登上骊山。就在此时,半山腰突然涌出一股泉水,很快,他家的草棚子被冲垮了……

骊山

这时,大家恍然大悟。得以重生的骊山人家将这个故事说与乡亲们听,一传十,十传百,这个神奇的故事很快传遍全国。于是每到九月初九,大家就扶老携幼,备上花糕美酒去登高。爬爬山,走走路,到了高处一看,顿时就觉得心旷神怡,重阳登高相沿成习。

据说,早在战国时期,民间已经有了重阳登高的习俗。到了汉代,关于登高的文字记载也出现了。西汉刘歆的《西京杂记》中记载:"三月上巳,九月重阳,使女游戏,就此祓禊登高。"

也就是说,登高是一种祈求吉祥的习俗。

辟邪祈福辞青,登高三种目的

除了绚烂的秋景,古人非要选在重阳这日登高确实有他们的目的,否则,为何都要挤在重阳日去占领山头呢?

辟邪消灾,是重阳登高的首要目的。除了传说中的那些故事让人们相信,重阳节登高的确实让他们躲过了一些无妄之灾。还有一种说法是,重九日地气上升,天气下降,古人们为了避免接触到邪气,所以才要登临高处逃避它。宋朝博物学家方勺进一步解释:"九九极阳,阳极转阴,登高为调阴转阳也。"九为阳极之数,九月九是至阳之日,盛极必衰,阳到极致便开始走向阴。大概是因为高处更接近太阳,方便吸收阳气,抵御阴气吧?

这样的解释让古人深信不疑。不仅民间广泛流传,甚至也传到了宫廷,所以上至帝王,下到平民百姓,都要在重阳节这一天登高辟邪,这是其一。

唐代刘禹锡的《陋室铭》开篇说:"山不在高,有仙则名。"意思是山中有了仙人居住,即使不高的山也会成为名山。古人们相信,天地、自然、人类社会,种种一切,都由神灵安排。神灵住在什么地方呢?天上有,高山上也有。山因为有了神仙的"加持",人们看山便不再是单纯看山了,而是戴上了一幅自

祭昆仑山

带金光的滤镜,多了几分仙气。

先秦的古籍中一部富于神话传说的地理奇书《山海经》记录了华夏大地的447座大山,其中,至今仍然充满神秘色彩的昆仑山更是被塑造成为仙界殿堂。《山海经·西次三经》记载:"昆仑之丘,是实惟帝之下都。"《山海经·海内西经》:"海内昆仑之虚,在西北,帝之下都。昆仑之虚,方八百里,高万仞。

面有九井，以玉为槛。面有九门，门有开明兽守之，百神之所在。"昆仑山，作为天帝的人间行宫，被奉为中国第一神山，万祖之山，中华"龙脉之祖"。除了天帝偶尔居住外，昆仑山还住着另一位大神仙"西王母"。她是主管所有女仙的女神，掌管不死药、长生的上古女神，保护妇女婚育、长寿的女神。因为有了这样的传说，古人认为，登昆仑山可求长生不老。古人对山的崇拜信仰，在昆仑山上达到了顶峰。

九九重阳，大吉大利。有条件的古人要在这一日登山祈福，以示对山的崇敬和敬畏，期望得到山神的庇佑，求得长生不老。这是其二。

那么，重阳这一日到底是哪些人去登山呢？一家选一两个代表吗？非也。重阳登高，可不是想去就去，不想去就不去的。一家人必须整整齐齐，一个都不能少。除非像王维一样，身在他乡，实在没办法赶回来。

如果说三月三的春游，是为了舒活筋骨，迎接春之气息和一年的好运气，谓之"踏青"；那么九月九的秋游，则是在秋收时节，尽揽一年之收获，总结一年之得失，健身祛病，更好地为即将到来的萧肃之冬做好准备，所以叫"辞青"。清代潘荣陛的《帝京岁时纪胜》有云："都人结伴呼从，於西山一带看红叶，或於汤泉坐汤，谓菊花水可以却疾。又有治肴携酌，於各门郊外痛饮终日，谓之辞青。"人们结伴游山，赏红叶，泡温泉，于郊外饮酒。

游山赏红叶泡温泉

俗话说:"秋分寒露重阳时"。秋分过后,暑热彻底远去,大部分地区的雨季也刚好结束,秋收农忙差不多接近尾声,碧空万里,风和日丽。人们自然要去感受秋高气爽的自在和惬意。

因为有了辞青的说法,重阳登高不再仅仅是辟邪避灾那么沉重,而成为一个美好、风雅的习俗。怀揣乡愁,打包思念,登高望远,饮菊花酒,吃重阳糕,佩戴茱萸,看青黄交接,草木荣枯,春去秋来,让个人情感与天地之气合二为一。在弥漫中消解,在消解中新生,正是天地自然之道。

古人登高都去哪儿?

翻翻古人的登高史,你可能真的会忍不住笑出声。

距今2000多年前的西汉,长安近郊有一小高台,每逢九月初九,人们便登上那个高台去观景。是的,登上一个略高出平台的观景台,就是西汉人所谓的登高了。

到了三国和两晋时期,人们开始有了登高就要登山的意识。《晋书》中就有东晋大将军桓温在重阳带着部下登龙山(今湖北江陵县西北的一座山)宴会的记载。据说,桓温和参军大将孟嘉等人登上龙山后兴致大发,以至于孟嘉的帽子被大风吹走了都浑然不知。

初唐年间的某一个重阳节,王勃、卢照邻、邵大震三人相约登高,地点在蜀中梓州(今四川三台县)的玄武山。登临高处,

西汉人登高就是登观景台

王勃诗兴大发,作《蜀中九日》:"九月九日望乡台,他席他乡送客杯。人今已厌南中苦,鸿雁那从北地来?"对流落蜀中的王勃来说,此时此刻的玄武山就是他的望乡台。卢照邻则以《九月九日玄武山旅眺》为题,写下"九月九日眺山川,归心归望积风烟。他乡共酌金花酒,万里同悲鸿雁天。"

孟浩然重阳节登的则是兰山,一作"万山",又称方山、蔓山,在湖北襄阳西北十里,写道"天边树若荠,江畔洲如月。何当载酒来,共醉重阳节。"(《秋登兰山寄张五》)杜牧为安抚友人张祜的失意情绪作了一首《九日齐山登高》:"江涵秋影雁初飞,与客携壶上翠微。尘世难逢开口笑,菊花须插满头归。"他登的这座齐山,在今安徽省池州市贵池区。后来,苏东坡在杭州当官时曾登过富阳浮云岭,清代诗人朱崇勋也登过济南千佛山……

而明清的皇帝重阳登的竟然是崇祯皇帝吊死的那座小山——万岁山,也就是现在的景山。清代的后妃更夸张,她们所谓的登山实际上登的是御花园里一座用太湖石堆叠的高14米的假山。假山顶筑有亭子一座,名曰御景亭,自亭上可俯瞰宫苑,景山、西山尽在目中。

重阳登高,其实在哪儿登,并无高下。纵观古人重阳登高史,很多人其实还偏爱登楼登塔。

据说,唐朝的长安城就有两座名亭,一为曲江亭,一为临渭亭。每逢重阳,喜好诗词的唐朝皇帝们就会召集朝中俊杰来此作诗,因此出了不少"重阳应制诗"。没有赶上这场重阳雅集的诗人们呢?也有选择登楼赋诗的。比如杜甫的《登高》就写于重阳登白帝城(今位于重庆市奉节县)的高台后。

> 天高风急猿声凄切悲凉,清澈水中群鸥嬉戏盘旋。
> 无穷无尽的树叶纷纷飘落,长江滚滚涌来奔腾不息。
> 悲对秋色感叹漂泊在外,暮年多病我独自登高台。
> 深为憾恨鬓发日益斑白,困顿潦倒病后停酒伤怀。

唐代长安城曲江亭

到了宋代,生活在京城的人们是想登高也找不到山。南宋时期,都城在杭州,尚且还有主峰海拔 178 米的凤凰山,北宋时期的开封城,却是一马平川。可是宋人偏偏又是最看重仪式感的,怎么办呢?只有去登城楼了。但是城里就那么几座城楼,重阳节的时候往往都是"超负荷"接待。

苏东坡有位朋友出身贵族,娶了皇帝的女儿蜀国公主,成为驸马都尉。他就是王诜。这个王诜在城郊建有别墅，不仅广种菊花，还筑有高台重楼，最适宜重阳登高远望，赏菊饮酒赋诗。据说，苏东坡还在开封做官时，年年都去王诜家的楼台过重阳节，登高远眺，宴饮游赏，不醉不归。

另外，京城里的寺庙建有佛塔，是登高绝佳处。唐朝诗人宋之问等人就喜登慈恩寺佛塔，北宋开封人最喜欢去的地方是仓王庙。

清代，北京人喜欢去阜成门外的真觉寺和法藏寺，清朝的潘荣陛在《帝京岁时纪胜》中记载："重阳日，北城居人多于阜成门外真觉寺五塔金刚宝座台上登高，南城居人多于左安门内法藏寺弥陀塔登高。"真觉寺的金刚宝座塔总高17米；法藏寺的弥陀塔高30多米，内部还有旋梯。

浙江嘉兴地区的人们则去当地的文化地标——真如塔、东塔。一本由清代三位嘉兴文人相继完成，专门记载嘉兴地区风俗、物产、轶闻掌故的古书《古禾杂识》记载到："九日登高，集真如塔、东塔两处。高秋云净，海上诸山，历历在眼。禾地无山，故重阳登塔……是日，用栗糕标彩旗祀灶，士人对菊持鳌，赋诗饮酒，亦足乐也。"天高云淡，只需稍稍站得高一点，连海上诸山也能看个明白。

登塔还有一个妙处，如南宋韩元吉《水调歌头·九日》中描述："古寺倚修竹，飞槛绝纤埃。"寺庙本是清修之地，清雅出世的环境能洗涤人们的心灵。登高祈福与参禅悟道，都不

真觉寺金刚宝藏塔

耽误。

不管是登山、登楼，还是登佛塔，中国古人在登高避邪之余，也有着"步步高升"的梦想。不过，除此之外，在秋高气爽的农历九月，趁云淡风轻，登高望远，赏赏菊花，放松心情，释放压力，也不失为一种老少皆宜的全民健身活动。

从另一个角度来说，这大概正是古人所谓重阳登山，驱邪避灾的原因吧。

年年重阳日，还来就菊花

某一年重阳节，唐朝诗人孟浩然走进一户美丽的农庄，被闲适的乡野生活深深吸引，于是写下"待到重阳日，还来就菊花"。(《过故人庄》)

一度，菊花只是一株名不见经传的药草，经过陶渊明的神来之笔的包装，摇身一变为自带隐者之风的谦谦君子。多少文人重阳赏菊，赏的其实是一份淡然旷远的心境，是一份自持高洁的君子风范。

对于更多的平民百姓而言，也许他们还需要一个更接地气的赏菊理由。于是，古人又编出来一则故事。

据说很久很久以前，大运河边住着一个善良的农夫，名叫阿牛。阿牛自幼丧父，靠母亲织布艰难度日。因为生活的艰辛，母亲常常以泪洗面，把眼睛哭坏了。为了治好母亲的眼睛，阿牛想尽了办法赚钱买药，还是没有起色。一天夜里，阿牛做了一个梦，梦见一位姑娘对他说，"沿运河往西走，有个天花荡，那里有一株白菊花，可以治眼疾，只是这花要逢重九才开放。"

阿牛移种白菊花

阿牛去了天花荡，果然找到了一株白色的野菊花。这株菊花长相特别，一梗九分枝，阿牛将它连根带土挖了回来，移种在自家屋旁。在他母亲喝下第七碗菊花汤后，竟然开始好转了。

这个时候，姑娘又托梦给阿牛，传授他栽种菊花的方法："三分四平头，五月水淋头，六月甩料头，七八捂墩头，九月滚绣球。"菊花要在三月移植，四月掐头，五月多浇水，六月勤施肥,七八月护根,九月就能开出绣球状的菊花。按照这样的方法,第二年,阿牛的房前屋后菊花丰收,他将种植菊花的技能又教大家,村里人都种上了菊花。年年重阳,大家围聚在一起赏菊,喝菊花茶,饮菊花酒。

在阿牛的故事中,菊花是一株仙草,而且是一株易活易种的仙草,它造福百姓,自然能圈粉无数。

由唐到宋,赏菊是重阳重头戏

初唐的时候,菊花已经开始在重阳节扮演重要的角色,有诗人将重阳节称为"菊花节"。到了中晚唐,菊花赋予重阳节的文化地位更加突显,从诸多诗人的笔下可以看见,一个"无菊不重阳"的时代诞生了。

白居易就说"满园花菊郁金黄,中有孤丛色似霜。还似今朝歌酒席,白头翁入少年场。"(《重阳席上赋白菊》),满园的菊花好似郁金黄,中间却有一丛雪白似霜,就好像当时的歌舞宴席,白头老翁进了一个少年占主场的地方。

唐末农民领袖黄巢也曾做过一首跟菊花有关的诗,"待到秋来九月八,我花开后百花杀。冲天香阵透长安,满城尽带黄金甲。"(《不第后赋菊》)最后一句"满城尽带黄金甲",除了满满的王者之风霸气侧漏,也反映了重阳前后,满城皆是金黄色菊花的盛况。

"还似今朝歌酒席,白头翁入少年场。"

除此之外,唐代著名诗人刘禹锡也赞"家家菊尽黄,梁国独如霜。"(《和令狐相公玩白菊》)李商隐说"暗暗淡淡紫,融融冶冶黄"(《菊花》)……这些诗作都表明,有唐一代,黄菊虽然独领风骚,但白菊也不逊色。墨菊、紫菊也陆续进入人们的视线。

至于栽培技术,文人墨客也给后人做了些参考。杜甫《叹庭前甘菊花》:"庭前甘菊移时晚,青蕊重阳不堪摘。"韦庄也说了,"为忆长安烂熳开,我今移尔满庭栽。"(《庭前菊》)这些都说明,唐代菊花栽培已经很普遍了,还很流行庭院栽种,并且移栽技术也很成熟。

如果说唐人的重阳节已经离不开菊花,那么到了宋代,菊花在重阳节的地位已经无可取代了。李清照思念家人,哪怕一个人独醉,也是在一片菊香中,"东篱把酒黄昏后,有暗香盈袖"。(《醉花阴·薄雾浓云愁永昼》)晁补之更是直白,"中秋不见月,重阳不见菊",和中秋月相对应,菊,俨然重阳代名词。

宋孟元老在《东京梦华录》中记载了北宋都城开封赏菊的习俗:"九月重阳,都下赏菊,有数种。其黄白色蕊若莲房,曰'万龄菊';粉红色曰'桃花菊';白而檀心曰'木香菊',黄色

桃花菊

紫菊、墨菊

且点菊灯

而圆者曰'金铃菊',纯白而大者曰'喜容菊',无处无之。酒家皆以菊花缚成洞户。"

宋人对菊花是真爱,不仅文人雅士写菊,甚至在徽宗时期,还诞生了世界上第一部菊花专著《菊谱》。作者刘蒙是江苏彭城人,因曾游历洛阳,观赏到众多品种的菊花,而于1104年撰成此书。在这本书里,刘蒙共记载35个菊花品种的名称、产地和具体形状,且另附闻而未见的4个品种,以及两个野生种。周密在《武林旧事》中写到,"禁中例于八日作重九排当,于庆端殿分列万菊,灿然眩眼,且点菊灯,略如元夕。"说的是皇宫里要摆满万盏菊花,绚烂夺目,还要点菊灯,跟上元节似的。

据说，当时的酒家还要用各色菊花扎成门洞，类似于今天的鲜花拱门，是不是很时髦？酒店客栈也要用菊花装饰成菊花门、菊花窗等，从宫廷到民间都要购菊、赏菊、饮菊、簪菊，还点菊灯、吃菊花。而京城专门栽培菊花的园圃，这个时候也向市民和游客开放。一个重阳节，简直就是一场赏菊大会。

明清，菊山菊海与菊塔

明清时期，菊花种植栽培技术进一步成熟，明代高濂《遵生八笺》记菊185种，其中，已经出现了绿色的菊花品种名为绿芙蓉。明代王象晋作《群芳谱》时，已记载菊270种，分为黄色92种，白色73种，红色35种，粉红色22种，异品17种，同类5种，内有"五月菊""五九菊""七月菊"以及"寒菊"等品种出现。

家境优渥的浙江人士张岱，年轻时就四处游历，见多识广，醉心于各种艺术，是一个极具闲情雅趣的富家公子哥。他在《陶庵梦忆》中回忆起一次赏菊经历。

明代已经有了像模像样的"菊海"。有一次，兖州张氏友人就约张岱一起去观"菊海"。他们出城走了五里路，终于到了传说中"菊海"，可到处都看遍了，也没见到菊花的身影，"绝不见一菊，异之。"两人很是纳闷，这个时候，园子的主人将他们带到一块苍莽空地，这里有三间用芦苇叶搭建的大房子，张岱

宋代酒家用各色菊花扎成门洞

等人步入其间,不仅惊叹:"真菊海也。"

"厂三面,砌坛三层,以菊之高下高下之。花大如瓷瓯,无不球,无不甲,无不金银荷花瓣,色鲜艳,异凡本,而翠叶层层,无一早脱者"。房子的三面砌了三层花坛,按照菊花的高度设置花坛的高度。菊花大如瓷碗,呈现球形,色泽鲜艳,与普通的菊花大不同。

这样的菊海已经让张岱目瞪口呆,可是,竟然还有更加稀奇的事情。他说,"兖州缙绅家风气袭王府,赏菊之日,其桌、其炕、其灯、其炉、其盘、其盒、其盆盎、其肴器、其杯盘大觥、其壶、其帏、其褥、其酒、其面食、其衣服花样,无不菊者。夜烧烛照之,蒸蒸烘染,较日色更浮出数层。席散,撤苇帘以

赏菊之日,无不菊者

受繁露。"兖州的缙绅家都有王府做派，赏菊之日，桌子、炕头、炉灶、盘子等等，甚至是衣服的花纹，都是菊花样式的。夜里点着蜡烛，蒸腾烘染，菊花的花色竟然比白日更丰富多彩。

而张岱描述的，仅仅是明代兖州的赏菊大观。比之兖州，明清时期，作为都城的北京城，重阳赏菊更是盛事一桩。自明朝迁都北京之后，京城开始遍种菊花。时至清代，菊花品种甚至突破了千种。《燕京岁时记》载："九花者，菊花也。每届重阳，富贵之家以九花数百盆，架庋广厦中，前轩后轾，望之若山，曰九花山子。四面堆积者曰九花塔。"九花，就是菊花。

也就是说，清代的北京人，已经开始用盆栽菊花堆成菊花山或者菊花塔。这样的布景方式，即使用现代人的眼光看来也一点也不落俗。一些酒肆茶社趁机在街巷上打广告："我们家有新堆的菊花山可观"。吃饭喝酒兼带赏菊，这一招还不错。

至于菊花品种的繁多，从《燕京岁时记》引《日下旧闻考》记载中可以窥见："盖京师之菊种极繁，有陈秧、新秧、粗秧、细秧之别。"一般人家种植最多的还数黄菊，而说到高级品种，《帝京岁时纪胜》中说，"惟黄金带、白玉团、旧朝衣、老僧衲为最雅。"看来，还是传统的老品牌菊花最受欢迎。据说当时，各种九花山子求奇、求复杂，生怕搭不出令人咋舌的造型来。清末民初，随着时代的变迁，九花山子渐渐简单化，这样的传统手艺也渐渐丢失了。

皇城根下的老百姓，赏菊去哪里？除了酒肆，当然要约在

天宁寺里好楼台

天宁寺。始建于北魏孝文帝年间的天宁寺,自明末成为京城人赏花、拜佛好去处。到了清代,寺中更设有花圃,登高赏菊览秋景,这里美不胜收。

清人李静山的《增补都门杂咏》诗曰:"天宁寺里好楼台,每到深秋菊又开,赢得倾城车马动,看花犹带玉人来。"所以,去天宁寺赏菊要趁早出发,否则也有可能遭遇堵(马)车。

至于南方人如何赏菊，清顾禄《清嘉录》中描写苏州赏菊：地栽的菊花刚刚开始绽放，花农们已经出动，大盆小盆地往城里搬。大家买菊回家后插瓶清赏，也有将其花梗中插入铁丝，固定成想要的造型。街巷上也有菊花山供大家欣赏，茶肆最为多见。时至今日，菊花在重阳，年年不缺席。全国很多地方都要在重阳期间举办菊花展。菊花造景艺术与传统中国画、诗词艺术相互融合，让人们在观赏的同时，也能品味古人赏菊的那份心境。与菊花艺术展相伴的，往往还有各类菊花摄影比赛和书画作品比赛等，好不热闹。

春之桃、夏之荷、秋之菊、冬之梅

茱萸、菊花插满头

唐代诗人王维在重阳节想到了家乡插茱萸的习俗,杜牧则说起满头插菊的癖好,"尘世难逢开口笑,菊花须插满头归。"(《九月齐山登高》)今天的重阳节,崇尚古风的人们也会在重阳佳节身着汉服,头簪菊花,留给我们惊鸿一瞥。

插茱萸,佩茱萸,避除恶气

前几年,北京民俗博物馆从外地请来一棵茱萸树。博物馆的工作人员用带着芬芳气味的茱萸制作成茱萸香囊,挂在茱萸树下,吸引了很多参观的游客。很多人都说,听说过重阳节插茱萸的习俗,却从来没有见过。

重阳节和茱萸的渊源由来已久,从西汉时期,宫女贾佩兰说"九月九日,佩茱萸,食蓬饵,饮菊花酒,云令人长寿"之后,就开始流行了。一开始,人们认为重阳佩茱萸,可以避邪消灾,所以,又称茱萸为"辟邪翁"。

独在异乡为异客

那么，茱萸到底是什么？茱萸，是一种茴香科植物，在我国大部分地区都有分布。初夏时节，开绿白色的小花，结实似椒子。到了重阳前后，正是果子成熟的时候，颜色转为紫红色或者鲜红色，珠圆玉润，娇俏可爱。晋朝周处的《风土记》说，"九月九日折茱萸以插头上，辟除恶气而御初寒。"明朝李时珍的《本草纲目》也认为茱萸气味辛辣芳香，性温热，有治寒驱毒之效。人们将茱萸插在头上，或佩戴于臂，或者摘下它的枝叶，连同果实一起缝成茱萸香囊，佩戴在身上。

红色的果子插在鬓间，不仅避邪，也真是打眼好看。唐代，头插茱萸的风俗非常盛行。

王昌龄就曾作诗曰："茱萸插鬓花宜寿，翡翠横钗舞作愁。漫说陶潜篱下醉，何曾得见此风流。"（《九日登高》）杜甫说："茱萸赐朝士，难得一枝来。"（《九日五首》）说的是一到重阳节，朝廷按照惯例会御赐茱萸给朝廷大臣，可惜自己很难得到一枝。而从王维的经典名句中，更是可以看出，插茱萸和登高往往是形影不离的，所以，唐代，重阳登高会也称"茱萸会"，重阳节也被称为"茱萸节"。

茱萸香囊

插的是吴茱萸还是山茱萸？

除了佩戴在臂肘或者插于发间，人们也会制茱萸酒，因此，重阳节也有了茱萸节的代称。

其实，茱萸也有两种，分别是吴茱萸和山茱萸，那么，王维说的"遍插茱萸少一人"，到底插的是山茱萸还是吴茱萸呢？

山茱萸，双子叶植物纲山茱萸科山茱萸属植物，是一种落叶灌木或者小乔木，枝黑褐色。果实呈椭圆形，成熟时呈红色或者紫红色，花期3～4月，果期9～10月。吴茱萸，芸香科吴茱萸属植物，是一种小乔木或者灌木，嫩枝呈暗紫红色，果实呈暗紫红色，花期4～6月，果期8～11月。吴茱萸的嫩果经炮制晾干后即成中药材，简称吴萸，有散寒止痛、降逆止呕之功效。

关于吴茱萸的得名还有一段传说。据传，春秋战国时期，吴国每年都要向楚国进贡。有一年，吴国的使者到了楚国，献给楚王一种来自吴地的药材，就是吴茱萸，当时还叫吴萸。可是楚王偏偏爱的是美女、珠宝和金银，这种药材简直入不了他的眼。他非但不领情，还觉得吴王是在故意捉弄他，一气之下，将吴国使臣赶出宫去。楚王如此不识货，可楚宫里却有识货人。一位姓朱的大夫，将使臣接回自己家中，宽慰他并且厚待之。使臣感动，便对朱姓大夫说起吴萸的妙处：吴萸是吴国的上等药材，有温中止痛、降逆止吐之奇效，但凡有吐泻、胃痛腹痛之症，便可用此药材。还说，吴士正是因为听说楚王时常感到腹痛才专程进献的，没想到楚王却不识好人心……

朱大夫听使臣如此细说，便将这些远道而来的吴萸悉心保管起来。第二年，楚王旧疾复发，腹痛如刀绞，大家都束手无策。此时，朱大夫将自己珍藏的吴萸煎煮，给楚王服下，即刻奏效。楚王大喜，重赏朱大夫。这个大夫也不贪功，将事情的原委一五一十告诉了楚王。楚王非常感慨，命人在国内广植吴萸。几年之后，楚国爆发瘟疫，腹痛病人遍城都是，还是神奇的吴萸救了这一国百姓。楚国百姓不知其缘故，只以为救命的就是朱大夫，为了感念他，便在吴萸的中间加了一个"朱"字，成为吴朱萸。因为是一种植物，后来的医者又在朱字头上添了个草头，正式成为"吴茱萸"并沿袭至今。

菊花酒和茱萸叶

传说归传说，但吴茱萸的确是一种难得的好药材。一株良药在头上，也是为了驱邪消灾，求康健长乐。另则，古人在端午佩戴艾草、菖蒲香囊，也追求其淡雅的芳香，而作为芸香科的吴茱萸也具有这种香气，山茱萸却是什么味道也没有。由此可见，古人说的"遍插茱萸"指的一定是吴茱萸，且香味越浓越好。

宋朝，男人也簪菊花

小时候经常唱的一首歌里有句"大雁飞过菊花插满头"，那个时候，并不能完全理解歌词的含义，直到后来才知道，菊花插头，也是过去重阳节的习俗。

唐宋时期，美女们喜欢往头上簪花戴花，这是大家都知道的。但无分官民、老少、男女皆戴花，这样的场面你敢想象吗？

如果说唐代，男人们还只是在重阳等特定节日偶尔戴戴花，到了宋代，则满街的男人头上都戴着花，而且喜欢戴花的程度丝毫不亚于女性。北宋苏汉臣创作过一幅绢本画，画中货郎推着车在一株梅花树下兜售商品，而货郎头上就戴着一朵花。这是行为艺术吗？目的难道是为了招揽生意？还真不是，这只不过是宋代最常见的事情。

宋朝的男人戴花，可不是为了美，而是为了讨个吉利。宋人讲究仪式，比如花冠，虽然兴起于唐，却是在两宋时期登峰造极。宋人将春之桃、夏之荷、秋之菊、冬之梅,用丝绢做成四时之花的造型,迎合一年景,兼具审美和好彩头的意义。

朝中若是逢大事喜事,皇帝和官员们也都是要戴花的。比如,皇帝就会给新科进士赐花。而每到年节,更是要赏赐花饰给大臣佩戴,比如,立春要赏"金银幡胜",重阳节则赏"缯彩茱菊"。春天,万物复苏,宫廷赏赐的是用金丝银丝打造的各种蝴蝶款、飞蛾款、鸟雀款造型的头饰,到了重阳,则赏赐上好丝绸扎成的茱萸和菊花迎景。重阳的茱菊在九月初八连同节礼发下来,九月初九就可以戴在头上出门喝酒了!难怪北宋诗人邵雍在《插花吟》中写的:"头上花枝照酒卮,酒卮中有好花枝。"一帮大老爷们喝酒,头上都戴着花,喝酒的时候,花朵的倒影映入了酒杯。黄庭坚也说:"花向老人头上笑,羞羞,白发簪花不解愁。"(《南乡子·诸将说封侯》)这首词作于宋徽宗崇宁三年的重阳节,是黄庭坚生前最后一个重阳节,他说花在老人头上羞笑,白发簪花不消解忧愁。

宋代,簪菊花的风尚甚至盖过插茱萸的风头,这是因为菊花在当时被唤作"延寿客",不仅赏菊、饮菊花酒、佩戴菊囊,簪花戴菊更是风靡一时。到了南宋,这样的风尚有增无减,范成大说"看了十分秋月,重阳更插黄花"。(《朝中措》)

如果穿越到宋代,你是想戴真花还是绢花?按照现代人的眼光,当然是追捧真花的。但是在宋代,用丝绢做的绢花不说是奢侈品,起码也是高级货,一般人是消费不起的,除非富家

公子姐儿，或者就是朝廷命官。老百姓消费不起绢花，那么，摘朵真花戴总是可以的吧！

所以，重阳簪一朵真正的菊花还是那个时代大多数人的首选。当然，像北宋的东京城、南宋的临安城里的官家小姐们，倒是可以相互赠送丝绢茱萸和菊花，也是当时上流社会的时尚潮流。

只是，男女重阳同戴茱菊的风尚并没有流行多久就式微了。明清时期，满头插花的风尚甚至被鄙薄嘲弄。除了妇女簪花一两朵，男人们已经不再簪花。难怪《红楼梦》中，刘姥姥插了满头的菊花盛装出席宴席，却被众人嘲笑村气，唯有贾探春懂得这"菊花须得满头插"的习俗。

北宋诗人邵雍
《插花吟》

重阳放晦气，纸鹞来助力

草长莺飞二月天，拂堤杨柳醉春烟。
儿童散学归来早，忙趁东风放纸鸢。

碧落秋方静，腾空力尚微。
清风如可托，终共白云飞。

一首是清代高鼎的《村居》，一首是宋代寇准的《纸鸢》。清明时节风筝忙，这是人人都知道的。因为清明时节，万物清隽，阳气催发，正是放风筝的好时节。那么秋天呢？按照寇准的说法，初秋晴朗的天空，风力不大，风筝难以升空高飞。果真如此吗？那为何在我国的南方地区偏偏有重阳节放风筝的习俗呢？

很多南方的地方志都有关于重阳放风筝的记载。比如，《漳州府志》就有："九月登高，童子作纸鸢放于野，方言谓之'放公叉'。"和漳州相隔不远的厦门也有这样的习俗，《厦门志》中有载:"重阳,登高放风筝。"这是闽南地区的记录。

两广地区也有类似的记载。广东《鹤山县志》载:"于秋初放纸鹞,是日(九月九日)以火断其线,任其随风而去,谓之'流鹞',以除疾病云。"广东的惠州和潮汕地区,民间过重阳节也是以放风筝为主要习俗的,还要用火烧断风筝线,以祛除疾病。

惠州人称放风筝为放纸鹞。风筝源自我国,有着悠久的历史,最早称为"木鸢"。随着造纸术的发明,到了汉代,已经出现纸糊的"鸢",在南方则出现了"鹞"。鸢和鹞都是善飞的猛禽,最初的风筝设计,都是从模仿鸟类开始的。惠州的孩子们都会唱一首民谣:"九月九,是重阳;放纸鹞,线爱长。"不仅民谣里这样传唱着,清光绪年间《惠州府志》亦有关于重阳放纸鹞的记述。

寇准不是说秋天的风力不适合放风筝吗?惠州的风筝难道长得不一样?

惠州的风筝的确和我们司空见惯的风筝不太一样。多为四方平面形,还带有一尾巴,跟民间所贴的门神、神位差不多,所以,又被称作"神状风筝"。也有不带尾巴的,四方状纸稍大,称"阿婆鹞",以放飞时平稳、安定而得名。

惠州风筝真正能打破寇准所说的"碧落秋方静,腾空力尚微"的说辞,主要还是因为地域不同。寇准常年生活的北方,春天风和日丽,是放风筝最好的时节。但是南方就不一样了。清明时节的南方正是春雨缠绵的时候,偏偏到了重阳,秋高气

仿传统惠州纸鹞

爽,风力强劲,风筝也可以享受一把"好风凭借力,送我上青云"的感觉。

　　清明放风筝,既有祈福的意思,也有"放郁",送走疾病、晦气的意思。重阳放风筝,自然也有这些目的。人们希望借着风筝飞得越来越高,晦气也能越走越远。这其中,又牵出桓景的故事。据说,桓景当年去找费长房时,一度迷路山林,幸得鸽子引路才得以解困,最终寻得费老。后来,人们便用纸糊成鸽子状,于重阳登高祈福之时,在山上将其放飞,有去晦气之意,后世相沿成俗。

福建漳州人要用火烧断风筝线,令其随风而飞,据说可以祛除疾病。广东潮汕地区的农村,至今仍然有人称重阳节为"转运日"。到了这一天,人们会携带风筝放飞,风筝飞上天了,衰运自然远去,好运接踵而至。因为很多人都要放风筝,也要剪断风筝线,所以潮汕也有"九月九,风筝断线满天走"的谚语。在潮汕,断线的风筝千万捡不得,那都是别人的"衰运",要避得远远的。但在有的地方,却偏偏忌讳剪断风筝线。因为人们认为重阳节放风筝是在放吉祥,若是中途线断了,则意味着吉祥和福气都飘走了,放风筝的意义也就没有了。

其实,无论是在清明还是重阳放风筝,无论是剪断风筝线还是保护风筝线,都是一种祈福的方式。

重阳也是女儿节

古时，女性地位不高，相夫教子、服侍公婆就是出嫁后女子的全部生活。明清之后，对女人的约束更紧，但一年之中，还是有三个"女儿节"，其中有两个，是已婚妇女可以回娘家吐槽、倒苦水和尽享天伦的。

每年的端午节，是一年之中的第一个"女儿节"。明代的沈榜在《宛署杂记》记述："五月女儿节，系端午索，戴艾叶，五毒灵符。宛俗自五月初一至初五日，饰小闺女，尽态极妍。出嫁女亦各归宁。因呼为女儿节。"端午的时候，出嫁的女儿们可以回家，谓之"躲端午"。这项习俗至少从唐代就已经开始盛行，明代尤盛。

端午过后两月，又迎来了一个"女儿节"——七夕，又称乞巧节。七夕夜，传说中牛郎织女相会的日子，是女孩子们祈求灵巧的重要日子。旧时，女子们要摆香案、设瓜果、穿针引线，于庭院中以乞巧。不过，这个"女儿节"并没有相关妇女回娘家的记述。

但是不要遗憾，再过两月，也就是九月初九的重阳，又是一个可以回娘家的日子。明代刘侗的《帝京景物略》有记："九日，父母家必迎女归宁，食花糕。"也就是说，重阳节这一天，父母要为出嫁的女儿准备花糕，迎接女儿归宁。有民谚说：中秋刚过了，又为重阳忙。巧巧花花糕，只为女想娘。

当然，女儿们回娘家也没有空着手的道理，带的东西自然也是顺应当下时节的。比如，端午回娘家时，要准备粽子。有的地方的新媳妇在新婚头一年回娘家，甚至会挑上整担粽子回门。丈母娘会把这些粽子分送给亲戚朋友，而三姑六婆、左邻右舍也少不得回赠一个粽子，一个鸡蛋、一把夏扇等等。

九月九日是重阳，过去，人们认为九月九日代表着长长久久，寓意长长寿寿。所以，女儿们要亲手制作寿桃面点回家孝敬父母，希望父母康宁常乐。父母回赠女儿以花糕，是取"步步登高"的意思，希望以花糕祝福自己的女儿生活蒸蒸日上，顺心遂意。清康熙年间的《绛州志》载："妇女归宁（回娘家），各携枣糕以还。"

这里，还要提到关中等地流传已久，至今仍有延续的民俗——追节。所谓"不追节，人烟缺"，所以每逢春节、端午、重阳等重大节令，娘家人就会给新嫁女和女婿赠送特别的礼物，民间叫作"追婿看女"，待到女儿生育后，赠送的礼物便转给孩子，这就叫"追节"。

清代的很多地方志都有类似的记载，如：九日，女方家作糕以馈女。女方母亲要亲自送糕给女儿和女婿希望新婚夫妇能够早日添丁。

还有另一种说法,追节其实是"追姐"的意思,指准女婿在重阳节前一日,向老丈人家送糕和其他节日礼物。追节的含义从"催生"变为了"催婚"。

儿女发寿桃、父母赠花糕

篁岭晒秋,重阳丰收的诗意

每年重阳前后,江西篁岭古村聚集了不少"长枪短炮",大家来这里的目的,是为了抢拍一场热火朝天的"晒秋"。近年来,篁岭更是凭借晒秋,一举拿下"中国最诗意的秋天"。

晒秋,是自古就有的农俗。在我国南方湖南、广西、安徽、江西等地的山区,村民利用复杂的地势架晒、挂晒农作物,相沿成俗。

篁岭,位于江西省上饶市婺源县江湾镇东南 7 公里的石耳山脉。自明代中叶,篁岭村就已经存在了,至今已有 500 多年历史。春天,这里叠翠铺绿,雾气弥散,山居于此的篁岭人家因此又被称为"梯云人家";到了秋天,家家户户都要晾晒当季收获的农作物,干辣椒红红火火,黄菊、柿饼金光灿灿。红黄相间,是篁岭秋天的主打色。

篁岭晒秋,自每年六月六就开始了。此时,正值篁岭雨季,潮湿的天气容易滋生霉菌,所以按照当地的习俗,人们要在这一天洗晒衣服,以求吉利。到了丰收的季节,尤其是九月九,

篁岭晒秋

晒秋进入旺季。

　　篁岭人用来晒秋的，是一种用细竹篾编成的圆形晒席，叫晒簟。婺源是山区，田地很少，老百姓晾晒东西的地面也很小，通常是在自家房前屋后，或者自家的晾台、屋顶。晾晒之前，要先搭起一个"谷浪"。"谷浪"就是在第一层楼上面伸出木头来，搭起一个架子，然后将晒簟挨个支上去。站在山坡上放眼望去，整个村庄就是一个晒簟的世界。

　　圆圆的晒簟排成排，一簟红的，一簟黄的，高低错落，层层叠叠，丰收的喜悦有了，强烈的画面感也有了。不得不说，篁岭人个个都是民间艺术家。

　　2014年，在"美丽中国行·共圆中国梦——寻找最美中国符号"的活动中，篁岭晒秋成功入选。篁岭的走红，其实一点也不意外。这里前有流水，背靠青山，和飞檐斗拱、粉墙黛瓦的徽派建筑构成一幅绝美的风景画。而晒秋，就是这幅风景画最亮眼的篇章。篁岭，既是自然的宠儿，也是人文的杰作。近年来，篁岭人将晒簟里的东西拼成了各种图案，组成各种文字，成为游客眼中篁岭晒秋的新亮点。

　　"我言秋日胜春朝……便引诗情到碧霄。"丰收的诗意，在重阳的篁岭。

第三章 重阳就该这么吃

金秋重阳，秋收才刚刚结束，最不缺的就是吃的。

古时，山东潍坊昌邑，人们要在重阳节吃辣萝卜汤，当地人说"喝了萝卜汤，全家不遭殃"；山东菏泽的鄄城，家家户户要烙饼祭祀财神，因为在当地的习俗中，重阳节正好是财神的生日；苏州长洲县人要做一种名为骆驼蹄的面食；无锡人则做一道九品羹；浙江桐庐人倾心重阳粽；西南地区的人要在重阳节打糍粑，四川人还要在这一日以糯米蒸酒制醪糟。

重阳喜庆丰收，少不了以新收的五谷做食材，其中必不可少的是重阳糕，取年年高的寓意。金秋时节，菊花遍野，于是以菊花入馔入酿也是顺理成章的，尤其是一坛菊花酒，醉了千年重阳佳节。

重阳佳节不可或缺的美食，当然还有蟹。自中秋开始一直到重阳，都是食蟹的最佳时节。中国古人遵循阴阳养生之道，在重阳更应抓紧机会补秋，以抵御即将到来的寒冬，比如吃羊、食兔。

同样美味的，还有金秋时节正当成熟的石榴与柿子，不仅好吃解馋，更重要的是，它们代表着多子多福、柿柿如意。

迎霜宴上吃只兔

重阳节和霜降节气往往是紧连着的,这个时候,天气由凉开始转寒,《月令七十二候集解》解释:"九月中,气肃而凝,露结为霜矣。"在气象学上,通常把秋季降下的第一次霜称之为"早霜"或者"初霜"。初霜适逢重阳时节,也是菊花盛放的时候,所以也叫"菊花霜"。此时,民间有进补的习俗,因为"补冬不如补霜降"。人们认为,秋补比冬补更重要,不论是"补重阳"也好,"补霜降"也罢,都是为了抵御日益寒冷的天气,对抗秋冬时节高发的"头风"等疾病。为此,中国人制作出了多款进补美食,其中有一道重阳节的吃食,就是"迎霜兔"。

迎霜兔

或源于契丹的重阳食兔习俗

汉民族关于"迎霜宴"和"迎霜兔"最早的文字记载，应该是在明代。明代的刘若愚在《酌中志·饮食好尚纪略》中曰："九日，驾幸万岁山，或兔儿山，旋磨山登高。喫（吃）迎霜麻辣兔，饮菊花酒。"说的是明朝宫廷的重阳节，皇帝要去万岁山或者兔儿山登高，吃迎霜麻辣兔，喝菊花酒。清代《日下旧闻考·风俗三》也有相关的风俗记载："重阳前后设宴相邀，谓之迎霜宴。席间食兔，谓之迎霜兔。"说的是清代北京人家习俗。

可见，迎霜宴上，兔子都是绝对的主角。重阳节为什么要吃兔子呢？相传，始作俑者是契丹人。宋代的武珪所撰的《燕北杂记》是关于辽朝风俗、制度等事记载的书籍。"辽俗，九月九日打围，赌射虎，少者为负，输重九一宴席。射罢，于地高处卓帐，饮菊花酒、出兔肝切生，以鹿舌酱拌食之。"这样的习俗源于辽开国皇帝耶律阿保机。相传有一年的九月九日，耶律阿保机在朝臣韩知古的陪同下，到叫来河沿岸一带狩猎。突然，一只毛色雪白的兔子在灌木丛中闪过，眼疾手快的耶律阿保机一箭射中，紧接着，他又猎住两只雄鹿。

回营后，韩知古吩咐厨子取下兔肝切片，再将整只兔子烤熟，并以鹿舌酱拌兔肝，以菊花铺垫烤兔，献给耶律阿保机品尝。耶律阿保机尝过后，大赞，问韩知古此道菜的寓意。韩知古答道：白兔是月宫仙兔，乃嫦娥献给皇上的重阳礼；鹿为陆

耶律阿保机烤兔

地神物,能带给人吉祥平安与幸福。兔肝可明智,鹿血鹿舌乃强筋壮骨滋补佳品;兔又是祛病强身良物,它筑三窟避险,寓意逢凶化吉。韩知古解释完,并请耶律阿保机为这道菜赐名。耶律阿保机闻之大喜,思量片刻,决定以后每逢重阳都要射兔庆贺。又以霜为素白,白兔即霜兔,重阳迎霜,开重阳迎霜宴、吃迎霜兔,之后便成了契丹人的节令文化。渐渐地,这样的习俗也影响到辽地的汉民,只是,他们不再生吃兔肝,而是保留了吃烤兔的习俗。

此麻辣兔非彼麻辣兔

烤制兔子,《诗经》中便有记述。"有兔斯首,炮之燔之。"

野兔肉鲜又嫩，烤它煨它味道美。到了宋代，兔子已经被开发出很多种吃法，《东京梦华录》中关于市井百姓的兔肉小食有盘兔、炒兔、葱泼兔。

到了明代，写《酌中志》的刘若愚在说到宫里的重阳饮食时，专门提到了迎霜兔，说的还是"麻辣迎霜兔"。刘若愚是明万历年生人，而辣椒确实是明末年间传入中国的，所以他在这里记述的麻辣兔肉，难道是辣椒和兔子的第一次亲密接触？这个我们还真的不得而知。不过，当时的麻辣迎霜兔肯定不能用如今风靡全国的四川麻辣兔头的口感去想象，毕竟明末清初，中国人才刚刚开始接触辣椒，而真正以辣椒做菜是清乾隆道光之后的事情了。由此推断，刘若愚所说的"麻辣兔"并非如今的"麻辣兔"，应该是用姜蒜、芥末、茱萸、胡椒等调料烹制的口感略为辛辣的一道菜。

也有人认为重阳吃迎霜兔的习俗和清入关后皇帝酷爱打猎有关。著名作家肖复兴在说到霜降时节的节令吃食时，说"鹿舌酱大概是皇家的特色，一般人只能吃麻辣酱。可以说，这是旗人之俗，以后繁衍为老北京人的一种时令吃食。只是，如今，除了稻香村这个时候还专门卖熏兔肉，名曰霜兔，让人能多少回味一点儿前朝风情，一般人对这样的传统，已经隔膜得有些遥远了。"

重阳吃糕百事高

每一个传统节日都有其代表性食物,就像粽子之于端午,月饼之于中秋,重阳节因为自古以来就有登高的习俗,有高寿、百事皆高的寓意,因此,重阳糕(谐音,高)被人们喜爱,几千年来从未间断。

在今天的江浙一带,重阳节一大早,购买重阳糕的人们就已经排起了长龙。糕团要当天做当天吃,必须趁着新鲜买回家孝敬老人。老字号的重阳糕尤其受到追捧。自古以来,重阳都要登高怀远,现代人抽不出那么多时间,以糕代"高",也得其趣。

从驱邪除妖到祈求长寿

重阳吃糕,始于汉代。带火这块小小糕点的,还是宫女贾佩兰。汉代的《西京杂记》中已经有了关于重阳糕最早的记录:"九月九日,佩茱萸,食蓬饵,饮菊花酒,云令人长寿。"东汉

许慎的《说文解字》对"饵"的解释是"粉饼"。饵,就是今天的糕饼、米果一类。重阳食蓬饵,其实就是吃一种加了蓬草的糕饼。汉代还流传着"食蓬饵以祓妖邪"的说法,可见,汉代的重阳糕和登高一样,都有驱邪惩恶的意义。

南北朝时期,重阳糕已经成为重阳节的标配食物。南北朝宗懔的《荆楚岁时记》曰:"九月九日,四民并籍野饮宴。九月九日宴会,未知起于何代。佩茱萸,食饵,饮菊花酒,云令人长寿。"驱邪除妖的意味减淡,祈求长寿的愿望愈发浓烈。

重阳糕上插把旗,顺带站只猫

唐代,重阳节正式成为一个节日,重阳节制作的糕点,自

彩猫糕

然叫重阳糕。据说，武则天曾命宫女采集百花捣碎，以花入糕，赏赐群臣，因为形式花巧，又是以花做原料，也叫花糕。吃重阳糕的时节正好菊花盛开，所以也叫作菊糕。唐代，花糕种类已经不少了。

"麻葛糕""米锦糕""五色糕"就是唐朝人的发明。制作花糕并无定法，随心随性就好。

到了宋代，重阳糕的花样越来越多。最基本款叫作"面糕"，是用面粉拌糖，烫面蒸熟，切成菱形大块，最后一道工序最花心思，是用胭脂点色。若是做得复杂一点，就是"黄米糕"，一半面粉一半糜子，和以糖和豆沙，还要分层铺放在模子里，蒸熟后还要用柏枝加以装饰。枣栗糕在今天也很常见，用枣、栗子捣泥，和以面粉、米粉作糕馅，并用米糕垫底。宋代的枣栗糕还要用石榴作顶层，蒸熟后，还要切片并且拼成花式图案，

食鹿糕、万象糕

颜值很高。

还有更有创意的，在大号的重阳糕上叠上一些造型各异的小重阳糕，有点像今天的多层蛋糕。比如，有捏成小鹿和大象造型的，叫"食鹿糕""万象糕"，寓意"食禄"和"万事高"。南宋著名诗人陆游在《壬子九日登山小酌》中写到"彩猫糕上菊初黄"。重阳糕上蹲着只小猫，也就是宋代的"彩猫糕"。据说，猫儿被做得栩栩如生，不仅用胭脂描出了眉眼毛色，甚至连胡须都根根分明。总之，精致的宋朝人是不会放过任何一个扮美的细节的。

宋人是很爱各类小食的，这么好看的小点心，摆在家里当作茶点待客或者重阳节登门送礼也是非常有面子的，所以，重阳节期间，卖重阳糕的小摊贩生意自然是不错的。南宋《梦粱录》在记载临安城饮食时就说了："最是大街一两处，面食店及市西坊西食面点，通宵买卖，交晓不绝。缘金吾不禁，公私营干，夜食于此故也。"糕点铺子通宵营业，跟我们现在的24小时便利店一个性质。不过，人家是专卖糕点的，可见宋人对糕点是多么钟情了！

北宋孟元老的《东京梦华录》还记载了一款更高级的重阳糕："（重阳）前一二日，各以粉面蒸糕遗送，上插剪彩小旗，掺饤果实，如石榴子、栗子黄、银杏、松子肉之类。又以粉作狮子蛮王之状，置于糕上，谓之'狮蛮'。"说的是重阳糕上插了彩色的小旗子，还用粉团捏出狮子等形状置放糕上，估计是受了"食蓬饵以祓妖邪"的影响吧。著名作家孟晖曾在《宋代的艺术花糕》一文中介绍过这类花糕:在花糕上立狮蛮,也就是狮子和蛮王(胡人面目、身穿胡装的异国国王),是当时最为讲究的花糕款式。不仅做起来复杂,最重要的是,狮子是文殊菩萨的坐骑,狮蛮也是文殊菩萨的象征,宋人将这样的形象引入重阳糕中,很明显是希望得到菩萨的庇佑。

孟晖还说,"宋时以面塑粉捏的小动物装点糕面的做法,在陕西关中农村一直保留了下来。"时至今日,关中农妇还会做一种九层花糕,层与层之间会夹放枣子、花生、莲子等果仁,再以面团捏就凤凰、鸟儿、鱼、蝴蝶和花卉,甚至还有复杂的戏曲人物等,立于糕顶,就像生日蛋糕上立个小猪佩奇或者白雪公主一样的意思。"在关中,这种工艺化的花糕早已不限于重阳节,而是一切重要场合都要用到。因为场合不同,主题、造型、大小也变化不一,当地人亦呼其为'花馍',文化界则赞叹它们是'蒸出来的民间艺术品'。"

在今天的关中地区,春节要做"麻姑献春"、元宝篮;清明要做子推燕;端午要做"曲连",就是鱼和莲花造型的花馍;到了重阳,要做大寿桃,祝福老人寿比南山。不同的时节,有不同的花馍,代表着一种美好的愿望。

如今,关中人的花馍花样越做越多,个头也越来越大,而讲究的江南人做重阳糕时,还是以精巧取胜,还会在重阳糕上插一面旗子。有人说以旗子代替茱萸,也有人说插上旗子,有

置身野外的感觉。更多的,不过是觉得插上小旗能更好地点缀糕点,烘托节日的气氛罢了。江浙人依然保留的在重阳糕上插小旗子的习俗,可谓南宋之遗风。

以孟元老的记述,重阳糕上插旗是北宋开封人的发明,而其实,自唐代开始南京城就已经流行的插旗风俗则演变自皇家令旗,最初也不是插在糕点上,而是插在门楣上。唐朝时期,南京城南就已经有大大小小的重阳旗卖,小的是细竹竿上端贴着纸套,纸套上面又贴着六面小旗连缀成大三角形,每边有三枚小旗子。最郑重其事的,是每边都做成九面小旗,象征九九重阳。过去,新婚女子在重阳节会收到娘家人送来的"重阳盒",盒子里尽是节令鲜果,盒子上面还会插一面大的重阳旗。至于重阳糕呢,也是要插旗子的。

吃重阳糕,百事皆高

《东京梦华录》中关于重阳糕还有一段记载:"重九日天欲明时,以片糕搭小儿头上乳保祝祷云,百事皆高。"意思是说,重阳节天快亮的时候,就用片糕搭在小孩子头上,祝祷百事皆高。

重阳糕上插旗子

这还是因为"糕"谐音"高",就像吃圆圆的月饼,象征团圆一样,重阳节吃糕,也是希望步步高,百事高。南宋人金盈之更是说,用一块重阳糕和一只柿子贴到孩子头上,然后让孩子掰着吃,这才是"百事高(掰柿糕)"。

时至明代,这样的习俗依然流行。明代的谢肇淛在《五杂俎》中引吕公忌曰:"九月天明时,以片糕搭儿女头额,更祝曰:'愿儿百事俱高。'此古人九月作糕之意。"明朝人做重阳糕花样也多,讲究点的也要作九层,上面还立着两只小羊,寓意重阳(羊);也会在重阳糕上插小旗,有的还要点蜡烛灯。

关于重阳吃糕,明朝还有一则故事。传说明状元郎康海是陕西武功人,他参加完八月的乡试后便卧病不起,一直养在长安。八月放榜了,报喜的报子星夜兼程,奔赴武功,但是康海

九日天明时以片糕搭儿女头额

此时还身在长安。报子没有收到赏钱，就一直在武功等他。康海病愈回家后，已经是重阳了。他给报子打发了赏钱，并且蒸了一锅糕给他做干粮。因为做得多了，又分给乡里乡亲一些。因为这是康海中举后做的糕，于是，家家户户但凡有人要念书应试的，都于重阳蒸糕吃糕，以求步步登高。

清代的北京城，重阳节时要做一款栗子糕。这是一种以栗子泥夹金糕片和澄沙馅而成的小吃。糕分5层，上中下为黄色栗子泥，中间夹红、褐两色的金糕、澄沙，色泽艳丽，质地松软细腻，香甜适口。吃的时候，还要浇上白糖和桂花熬制成的糖汁。栗子糕因为颜值高，口感佳，还入选了满汉全席的饽饽四品。时至今日，北京人过重阳节依旧离不开栗子糕，作为一道传统的北京小吃，北京又一顺饭庄制作的此糕，1997年被认定为《中华名小吃》。

又是一年重阳时。提两盒重阳糕去看望长辈，是不少人家的传统。如今的重阳糕争奇斗艳，无论是老字号还是新网红，重阳糕经过不断改良，愈发好看也愈发好吃了。很多商家拼命在重阳糕的颜值上下功夫，为了迎合年轻人的口味和现代人健康的需求，也对糕点中的油糖比例做了调整，从而争取到了更多年轻人的目光。重阳糕和中秋的月饼一样，都是节日最重要的代表。

痛饮菊花酒

糯米浸泡一夜,沥干、蒸熟,待饭微微温热时拌入酒曲,倒入凉白开,将米搅散,入瓮坛密封数日,侯熟澄清于醅。此时,再取鲜菊花花瓣洗净,沥干表面水分,而后,将菊花瓣倒入醅内,搅拌均匀,密封。耐心侯上一晚,于次日晨取出,用纱布包裹榨之,可得香醇清洌之菊花酒。

这便是古法制菊花酒。明高濂《遵生八笺》记载:"十月采甘菊,去蒂,只取花二斤,择净入醅内,搅匀。次早榨,则味香清洌。"

老北京栗子糕

重阳节,以菊花酒敬长辈,祝福他们长寿安乐,是重阳节最重要的民俗。

古人花式吃菊花

以菊花入馔,屈原开了个好头。"朝饮木兰之坠露兮,夕餐秋菊之落英。"早上饮木兰坠下的露水,晚上食秋菊落下的花瓣。三国时期曹魏钟会说菊花是"神仙食也"。晋傅玄也写了一篇《菊赋》,说菊花"服之者长寿,食之者通神。"简直把吃菊花吹上天了。至于如何吃?一开始,还属于生嚼。不过,并不是粗鲁的生吃,那吃法简直美成了一幅画。钟会在《菊花赋》中描绘秋日采摘、服食菊花的场景:"掇以纤手,承以轻巾,揉以玉英,纳以朱唇。"芊芊玉手摘下花来,放在轻薄丝巾上,轻轻地揉一揉那花朵,再放入朱唇。唐代诗人陆龟蒙也吃菊花,"春苗恣肥,日得以采撷之,以供左右杯案。及夏五月,枝叶老硬,气味苦涩,旦暮犹责儿童辈拾掇不已。"(《杞菊赋》)春天夏天都吃,不过吃的不是花,而是苗。宋代大文豪苏东坡更绝了,他在《后杞菊赋》中说:"吾以杞为粮,以菊为糗"。菊花和枸杞一起吃,并且春天吃苗,夏天吃叶子,秋天吃花,冬天还要吃根。直到今天,杞菊依然是大家公认的清肝明目的最佳搭档。宋人林洪在《山家清供》中也肯定了这样的吃法,春天采菊花苗叶,可以炒来吃,也可以做羹,加上枸杞更可清心明目。明代高濂又

采菊花苗

加了油煎和凉拌的做法,另外,他还提到一款菊苗粥,"用甘菊新长嫩头丛生叶,摘来洗净细切,入盐,同米煮粥,食之清目宁心。"到了清代,朱彝尊又给大家推荐了一款菊花饼:"黄甘菊去蒂,捣去汁,白糖和匀,印饼。"

　　菊花自古就有"长寿花""延寿客"的美誉,医书记载,菊花味辛甘、苦,性微寒,有清热解毒、祛风明目的作用。李时

珍说它有"利五脉，调四肢，治头目风热，脑骨疼痛，养目血，去翳膜，主肝气不足"之功效。至于饮用菊花酒的好处，清代《食物本草会纂》载："菊花酒，治头风，明耳目，去痿痹，消百病。"

菊花酒乃吉祥酒

清代，火锅开始流行。在今天的诸多清宫戏中，可以看到重阳节宫廷宴饮。出现得最多的便是菊花火锅和菊花酒。在火锅汤里加入菊花瓣，清人认为此法适宜小酌。而菊花酒更是重阳节宴席上不可少的重要角色，重阳饮此酒，可驱邪消灾、祈福纳吉，是名副其实的"吉祥酒"。据说，因为菊花酒的缘故，重阳节成为山东酒坊祭祀酒神的酒神节。

西汉时，刘歆在《西京杂记》中说："菊花舒时，并采茎叶，杂黍米酿之，至来年九月九日始熟，就饮焉，故谓之菊花酒"。方法并不算复杂，但是要足足等上一年时间。北魏贾思勰也说，要酿造上等的菊花酒，需"以九月九日日未出前，收水九斗，浸曲九斗"。待到次年重阳，方可得"瓮满好熟，然后押出，香美势力，倍胜常酒"。所以，古人眼中真正的一等菊花酒，并非当年新酿造的酒，而是去岁重阳酒。

宋人吴自牧的《梦粱录》中记载："今世人以菊花、茱萸，浮于酒饮之，盖茱萸名'避邪翁'，菊花为'延寿客'，故假此两物服之，以消阳九之厄。"如果说宋人以为的饮菊花酒消灾解

酿菊花酒

厄,还在"科学道路的探索中",那么,明清时期,当菊花与枸杞组队成功,菊花酒、菊花枸杞酒就真正成为重阳节的"健身饮料"了。

中国酒文化博大精深,菊花酒自然也有菊花酒的文化味道。东晋陶渊明曾于重阳作《饮酒》:"结庐在人境,而无车马喧。问君何能尔?心远地自偏。采菊东篱下,悠然见南山。山气日夕佳,飞鸟相与还。此中有真意,欲辨已忘言。"陶渊明一生酷爱饮酒,不为五斗米折腰,醉饮菊花丛,诗兴大发。后世文人纷纷感念东篱把酒,不断赋予菊花丰富的内涵,提升菊花酒的文化附加值,使得重阳赏菊、饮菊花酒不单单只是祈福、求长寿的俗世意义,更平添了不少雅趣,令人回味。

文人雅士从来都是茶、酒不离手。菊花茶应运而生。陆游说:"何时一饱与子同,更煎土茗浮甘菊。"郑板桥也赋诗道:"南阳菊水多耆旧,此是延年一种花。八十老人勤采掇,定教霜鬓变成鸦。"郑板桥说,南阳的菊花水不仅能使人延年益寿,甚至还能返老还童。郑板桥也不算道听途说,应该是从南朝宋盛弘之的《荆州记》中看来的:"南阳有菊水,其源旁悉芳菊,水极甘馨。又中有三十家,不复穿井,即饮此水。上寿百二三十,中寿百馀,七十犹以为夭。"南阳郦山县遍布甘菊,菊花落入水中,令水味甘甜馨香。有三十户人家常年取菊花水饮用,最长寿的可以活到一百二三,活到百岁的只能算中寿,七十岁就去世的只能算作夭亡了。不知道这样的故事到底有几分真?不过,民间确实有言:"常饮菊花茶,老来眼不花"。倒是可尝试的。

一手把酒,一手事茶。唐代孙思邈更妙了,他还用菊花做了一个枕头,"常以九月九日取菊花作枕袋,枕头,良。"

重阳的菊花,用到极致。

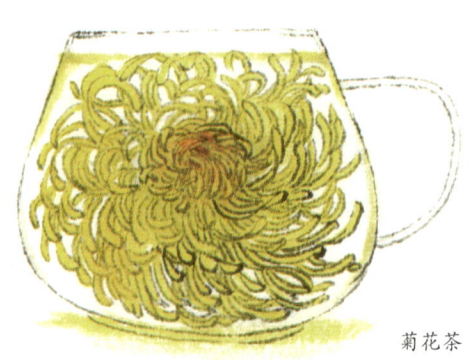

菊花茶

重阳吃羊故事多

无论重阳节还是和重阳节紧邻的霜降节气,吃羊都是重要的食俗。自古民间就有"一年补透透,不如补霜降"的说法。中国人认为,为了抵御日益寒冷的天气,"秋补"比"冬补"更为重要,因此才有了"补重阳"和"补霜降"的说法。除了迎霜兔外,煲羊肉、羊肉面等,也是对抗秋冬时节严峻冷冽的食方。

以羊为主,重阳吃法花样多

重阳节吃羊,是秋冬进补最好的方式。羊肉性温,秋冬食之能驱寒,李时珍也曾提到它"能暖中补虚,补中益气,开胃健身,益肾气,养胆明目,治虚劳寒冷,五劳七伤"。

中国人重阳节吃羊肉,还为了讨一个好口彩。因为"羊"与"阳"同音,自然而然地,是要在这一天吃点羊肉应重阳之典。羊肉怎么吃?简单又好吃的做法就是煮一碗羊肉面。面,要用白面，这是因为"白"字是"百"字去掉了头上的"一"，故而有一百减一为九十九的寓意，也是为了应重阳"九九"之故。旧时的京城有给九十九岁老人过"白寿"的习俗，几乎等同于一桌全羊宴，爆、烤、涮羊肉，齐活。

在陕北，白面不常见，故而用荞麦面替之。羊肉饸饹、羊肉荞麦面都是陕西地道美馔，羊肉泡馍更是关中人最重要的日常美食，不仅重阳节要吃，几乎天天都离不开它。羊肉泡馍，古称"羊羹"，一碗上等的羊肉泡馍，汤浓、味好，油多不腻，盐多不咸，营养丰富，香气四溢，苏东坡赞它"陇馔有熊腊，秦烹唯羊羹"。吃的时候要配上馍，这是一种白面烤饼，吃的时候将其掰碎放入碗中，然后再放入原汤、羊肉，以及各种调料。做法相当讲究，第一种"干泡"，就是将馍放置汤锅里反复煮制，直到汤汁收干，完全渗入馍内，这样出锅的泡馍劲道光滑；第

羊肉泡馍

二种吃法谓之"口汤",煮馍的时候注意火候,要绵滑得恰到好处,吃完碗里仅留汤一口,回味无穷;第三种叫作"水围城",汤宽,中间是馍和肉,像大水围城一般;第四种是"单走",其实就是汤馍分食。将馍掰碎泡进汤内,里面配有牛羊肉、粉丝、香菜等,吃的时候还要就几瓣糖蒜,可以消腻。吃完后单喝一碗鲜汤,是羊肉泡馍中一种"小清新"吃法。重阳节如果来到西安,一定要尝试一碗看似粗放,实则精致的羊肉泡馍。

重阳节买羊肉炖煮,也是台湾人的传统民俗。不过,他们还要在其中加入鱼肉一同烹饪,收获一道秋冬味鲜的滋补佳品。左为"鱼",右为"羊",一鱼一羊,不就刚好凑成一个"鲜"字!不过这样的妙招早在清代徽州就有了。

如今的重阳节和霜降时节,人们最为追捧的要数羊蝎子火锅。汤鲜肉美,叫人欲罢不能,最重要的是,一家子人围聚在一起,那叫一个烫得热闹。

羊蝎子是带里脊肉和脊髓的完整脊髓骨,因其形跟蝎子相似,故而称作"羊蝎子"。羊蝎子低脂肪、低胆固醇、高蛋白,富含钙质,有"补钙之王"的美誉。

最早发现羊脊骨闪光点的,是大文豪兼大吃货苏东坡,这个奇人一次次地通过自己的发明和改良告诉世人,没有扶不上墙的食材,只有不擅于挖掘宝藏的人。

1094年,这个吃过山珍海味,也咽过多年粗茶淡饭的大文豪,因反对王安石变法,被以"讥讪先朝罪名"又贬到惠州。

羊蝎子

北宋时期的惠州,荒凉偏僻,民生凋敝,没过多久,陪伴自己多年的妾室王朝云也撒手人寰。苏东坡备受打击,但日子总要继续过下去啊!他继续在食物中找寻生活的本质和快乐。

宋人特别喜欢食羊肉,从皇帝到百姓,食羊之风极盛,甚至形成了"贵羊贱猪"的社会风尚。苏东坡到了惠州以后,看到当地市场不景气,商品匮乏,每日只会杀一只羊。因为是被贬下放,苏东坡不敢太过高调也不擅于争抢,因此,好的羊肉肯定落不到自己头上,只能让杀羊的人给他留点大家都看不上的羊脊骨。这些羊脊骨上还是能见到一些羊肉星子的。如何下手呢?苏东坡将羊脊骨煮熟,再用酒浇在骨头上,少许撒盐,再用火烘烤,待骨肉微焦即成。大概三五日能吃上一次羊脊骨的苏东坡,沉浸在羊脊骨间剔肉而食的纯粹快乐中。他给自己的弟弟苏辙写信说,就像吃海鲜虾蟹的感觉,并且说苏辙整日饱食好羊肉,自然不懂得啃这羊骨头的乐趣。

据说，羊蝎子火锅在清朝的时候已经是皇宫贵族的养生、温补圣品。清康熙年间，一次，蒙古某部王爷的家厨熬煮了羊脊骨，王爷食后赞不绝口。之后，这道菜传入清宫，从此，羊蝎子火锅进入皇家家宴。再后来，这道美味流入民间，成为京城老百姓最熟知的美食。有人调侃说："没吃过羊蝎子的人，不足以谈论北京的秋冬。"

一锅香嫩汤浓的羊蝎子火锅，可清汤可红汤，肉连骨，骨带肉。重阳佳节，一盆羊蝎子火锅，一碗羊肉面，吃到胃里身暖，家人的相聚陪伴，更是暖到心上。

石榴红、柿子黄，秋来贺重阳

重阳节是什么色？大概是红黄相间吧！不信，你去看婺源的晒秋，红的是火辣辣的辣椒，黄的是金灿灿的柿子；你再去看那城市里的菊花展，总以黄色菊花为主色调，和红色菊花搭起来也最扎眼。黄色是丰收的色彩，是秋天的主色调。重阳的千佛山下，有一片香甜的柿子黄，而在陕西临潼、山东枣庄、四川会理等地，石榴也红了一阵子……

千佛山有个柿子会

重阳节，济南人都会去登大名鼎鼎的千佛山。千佛山，古称历山，因为有舜于历山耕田的传说，又名舜山、舜耕山，与趵突泉、大明湖并称济南三大名胜。隋开皇年间，历山因山势开凿数千佛像，得名"千佛山"。

自元成宗年间起，每年三月三、九月九，千佛山都会举办祭祀三皇（伏羲、燧人、神农）的庙会，既有盛大的佛事活动，也有热闹的游山赏景。一时间，善男信女云集，佛号嘹亮，烟云缭绕，游人接踵摩肩，各种小摊贩也来凑个热闹，登山不单单只为祈福，饮酒赏菊、游逛庙会，让千佛山的重阳充满趣味。

过去，重阳千佛山庙会是登山赏菊之佳地，每逢金秋时节，山上遍布野菊、黄栌，远远望去，金灿灿的一片。除此之外，千佛山的红叶也是一绝。明代边贡的《九日登千佛山寺》中说："背岭丹枫直，垂岩紫菊肥。"红枫与紫菊，给山披上浓墨重彩。新中国成立后，千佛山的庙会改名为山会，后因历史原因，山会曾一度中断。1982年，千佛山恢复山会，2009年被列入山东省非物质文化遗产名录。

逛重阳山会，是老济南人非常重要的文化活动。重阳山会一办，少则七天，多则十来天，但往往在重阳节这一天最为热闹。这一日，想要去赶山会，一定要起个大早，因为去晚了，估计连下脚的地儿都没有了。现代人赶重阳山会，更多的是图一个"逛"的乐趣，因为各色美食干货、工艺百货实在太多了！小孩子们还能吃串冰糖葫芦、做一个面塑、糖画，文艺青年可以来这里淘非遗文创产品，老年人可以来这里喝一碗泉水茶汤，听一出专门为了应重阳之景而特地安排的戏曲专场表演，还有别具特色的特价书市。这里更是吃货的天堂，烤肉、锅饼、干货海鲜等特色美食，应有尽有。千佛山重阳山会，早已成为济南一张响亮的文化名片，无论是赶山人也好，摊贩也罢，年复一年、风雨无阻，为着这浓厚的传统氛围。

男女老少各有所爱，但有一样是大家都津津乐道的，这就是千佛山的柿子。

俗话说，七月核桃八月梨，九月柿子来赶集，柿子绝对是千佛山山会的主角之一。千佛山附近盛产柿子，尤其是果大形美、色泽艳丽、汁多味甜的大盒柿。重阳山会时，自山脚到山腰的路旁都是卖柿子的摊贩。走累了，来一个，饿了，也来一个，即便什么都不买的人也会称几斤柿子回去，自己吃或者送人，讨个吉利。因为柿子的缘故，千佛山山会曾经甚至被称作"柿子会"。成筐成筐的柿子黄，是金秋丰收的最好诠释。

重阳吃柿子，说来还有一段故事。据说有一年的重阳节，明太祖朱元璋微服出城。他一天没有吃东西，又饿又渴，好不容易走到一个村庄时，却见家家户户皆因兵火墙倒树凋。朱元璋暗自悲叹。环顾村子，唯见一棵柿子树上正挂满金灿灿的柿子，惹人心动。朱元璋摘而食之。后来，朱元璋再次经过这个村子，想起当年的往事，遂下旨封柿子为凌霜侯，并令天下人在重阳节皆食柿子。

瞧那柿子的样子，个个似灯笼，玲珑可爱。"欲问谁家怎不摘，等到风霜甜不溜。"柿子自然成为人们最期待的美味。更何况重阳佳节，吃下一个"柿柿（事事）如意"，是所有人的期盼吧！

重阳节前石榴红

宋代的重阳糕上插着彩色小旗,上面点缀着多种果实,其中有一种,就是重阳前成熟的石榴。

石榴,五月开花,重阳正是果实成熟时。石榴,并不是土生土长的中国货,却凭借讨喜的颜值和吉祥的内涵深得人心。西晋文学家张华《博物志》中写道:"汉张骞出使西域,得涂林安石国榴种以归。"从西域远道而来的这棵石榴种子,在长安城上林苑安了家。每年五月,石榴花开得特别热闹。小荷翻,榴花燃,五月,也称为榴月。

到了九月,石榴成熟了。切开一看,石榴籽晶莹剔透,饱满圆润,古人说它们"千房同膜,千子如一"。石榴成为中国人心中的吉祥果,象征着红红火火、多子多福、团圆兴旺。民间嫁娶时,要有石榴;传统祭祀时,也要有石榴;旧时女子也多喜穿石榴红的裙子,这裙子的染料便是从石榴花中提取出来的,所以就有了"石榴裙"。

重阳到了,石榴又成熟了。走亲访友,送上石榴,祝福人丁兴旺,日子红火,自然是没错的。

石榴

螃蟹,吃过中秋又盼重阳

有人说,《红楼梦》第三十七至三十九回,众人齐聚藕香榭赏菊、开螃蟹宴,实际上写的就是重阳节的习俗。赏菊确实是重阳节最重要的习俗,但也有人认为,虽然有大量篇幅描写赏菊,但是湘云宴请众人的名头是吃螃蟹赏桂花,可见还是八月下旬。而凤姐儿九月初二生日在这个之后,所以只能算作中秋和重阳习俗的合写。

这也不奇怪。中秋和重阳,作为秋天里的两大节日,本身就有很多习俗上的重叠,比如,吃石榴和吃螃蟹。

唐朝开启吃大闸蟹的风潮

俗话说:"九月团脐十月尖,持螯饮酒菊花天。"郑板桥也曾作诗曰:"佳节入重阳,持螯切嫩姜。"重阳吃蟹,

橙膏

也是传统。

追溯吃大闸蟹的风潮，源于唐代。唐朝唐彦谦写了一篇《蟹》，"充盘煮熟堆琳琅，橙膏酱渫调堪尝。一斗擘开红玉满，双螯呖出琼酥香。"清蒸的螃蟹，吃的时候还要蘸取一种叫作"橙膏"的调料。这种橙膏其实是用新鲜橙子做的。将橙子的果肉挖出来，加点点细盐，捣烂成泥，不仅吃螃蟹的时候可以蘸，也可以蘸生鱼片（吃生鱼片也是唐朝人的时尚生活）。橙子的味道既可以去腥，也带着清新的香气。后来，人们又在橙膏中添加醋、姜等佐料，如果有兴趣，不妨尝试一下。

皇帝也吃蟹。相传，唐中宗于景龙二年（708年）的重阳幸临渭亭，登高作诗，小序有云："陶潜盈把，既浮九酝之欢；毕卓持螯，须尽一生之兴。"

李白也醉心这一口。"蟹螯即金液，糟丘是蓬莱。且须饮美酒，乘月醉高台。"（《月下独酌四首》其四）他吃的应该是糟蟹，也就是用醪糟腌制的螃蟹。一口醉蟹，一口酒，要多风流就有多风流。

唐朝人吃蟹并非只吃煮蟹和醉蟹。著名作家孟晖发现，唐代的刘恂在《岭表录异》中就记载了当时的广东人吃海蟹的两种方式：一种是将多种调味料混在一起，做成浓汁，浇到带有蟹膏的螃蟹之上，然后整只蟹直接上火烤熟，接近今日的"烧烤"；第二种则需把螃蟹拆散，剥除蟹钳、蟹腿内的肉以及蟹壳内的黄膏白脂，这无疑就是今日所说的"剥蟹粉"了。剥好的蟹肉与蟹膏拌在一起，再填回到壳中，浇入多种调料配成的调味汁，蒙上一层面糊，当时称为"蟹饆饠"。（"饆饠"，亦作"毕罗"，唐宋时期一种有馅的面制点心。）

阳澄湖大闸蟹

至于为何要叫大闸蟹？说起来也颇有意思。"大闸蟹"，学名中华绒螯蟹，也叫作螃蟹、河蟹、清水蟹等。有人说，"大闸蟹"的名字来源于河道之间的石闸（俗称"大闸"），也有人说，"大闸蟹"的"闸"源于渔民自设的"草闸"。过去，阳澄湖的渔民要在湖中筑竹篱笆，置渔火，蟹借着光攀爬上去，第二天，渔民只需查看这种"草闸"，就有收获。待湖蟹丰收的时候，旧时的上海、杭州、南京、扬州、苏州等地的人家要相邀亲朋，举办一场以赏菊吃蟹为主题的雅集，这个雅集还有一个名字，曰"持螯会"。

如今，阳澄湖的蟹农对大闸蟹也有一番自己的见解：阳澄湖的蟹本身是生活在长江里面，涨潮的时候回到内湖，入江口设有水闸，蟹需要翻过水闸才能来到内湖产卵，所以得名大闸蟹。大闸蟹也不只有阳澄湖一种，而是分布在中国沿海各地湖泊。不过，只有湖水清澈才能养得蟹清背、白肚、黄毛浓密，膏盲黄肥，尤以苏皖江南地区产出最佳。

阳澄湖位于江苏省南部，苏州城东北五公里，碧波荡漾，水质清醇,水草丰茂,是螃蟹定居生长最理想的"水晶宫"。

阳澄湖水产资源丰富,湖中盛产七十种淡水产品,"蟹中之王"的阳澄湖清水大闸蟹更是美名远播。每年中秋前后,阳澄湖开湖,重阳前后,西北风起时,蟹才是最好的时候,雌蟹饱满,雄蟹膏肥。蟹农们辛苦了一年,盼望的是秋天的丰收,对于食客而言,秋天的意义就是自中秋到重阳不断上桌的大闸蟹。

适逢重阳,许多商家也打出以"蟹"致谢的招牌。"重阳蟹蟹浓",在苏州话里,正好是"谢谢侬"。一只鲜美大闸蟹,一杯暖人姜汤茶,爱,从不缺席重阳节。

大闸蟹

第四章 诗意重阳 道古今

秋天是一个充满诗意色彩的季节，重阳更是这个季节的精华与高潮，自然满满的诗情画意。

以王维的《九月九日忆山东兄弟》为代表，历代诗人、词人都喜欢在重阳登高吟咏，如王勃的《滕王阁序》。而只有读了陶渊明和苏东坡的诗，才能更好地理解，为什么"重阳之花"菊花千百年来被奉为君子之花。

清代四大画僧之一的石涛曾与王维跨越千年的"合作"，所绘的《九月九日忆山东兄弟诗意图》，描绘出另一种精神意义上的重阳佳节。

当然，历代丹青大家最热衷表现的重阳题材，仍然集中在陶渊明与菊花的不解情缘，"东篱高士"既是重阳佳节的代言人，更是中国传统文人的精神标杆。

中国众多文学作品里，也少不了重阳的身影，如《水浒传》里水泊梁山的菊花会。作家苏童的代表作《妻妾成群》里，也借重阳摆菊花演绎了一出精彩好戏。汪曾祺老爷子说，北京城最好的菊展其实在老舍家里。对济南有特殊感情的国学大师季羡林，则对儿时亲历的重阳庙会记忆犹新。

诗词佐酒话重阳

秋思泛滥的季节,手把菊花酒,头插红茱萸,登高远眺,佳节美景,心旷神怡之感,思乡念旧之情,难免涌上心头,化作文人骚客笔下的美丽诗行。因此,重阳节注定是又一个与诗情画意不可分割的中式传统节日。

《九月九日忆山东兄弟》,重阳"主题曲"

> 独在异乡为异客,每逢佳节倍思亲。
> 遥知兄弟登高处,遍插茱萸少一人。

王维的一首《九月九日忆山东兄弟》在无数的场合、无数的场景被无数次的化用,特别是那一句"每逢佳节倍思亲",更是成为游子思乡的心声代表。也正是因为这一句,令很多人忘记了诗人原本是写给重阳佳节的。

那一年,王维也才十七岁,从老家山西蒲州来到帝都洛阳,

"京漂"少年在这样一个兄弟登高、亲人团聚的日子不免惆怅起来。他的抒怀显得比他的实际年龄要老成太多,强烈的遗憾情绪在文尾流露无疑。

短短28个字,没有华丽的辞藻、通篇的大道理,有的只是一个游子真挚的深情。据说,当大文豪张九龄读到此篇之后,赞许不已,频频点赞,这让王维这个初出茅庐的新秀得以崭露头角。可以说,《九月九日忆山东兄弟》让王维"一战成名"。

《滕王阁序》,王勃的"网红"作品

> 披绣闼,俯雕甍,山原旷其盈视,川泽纡其骇瞩。
> 闾阎扑地,钟鸣鼎食之家;
> 舸舰弥津,青雀黄龙之舳。
> 云销雨霁,彩彻区明。
> 落霞与孤鹜齐飞,秋水共长天一色。
> 渔舟唱晚,响穷彭蠡之滨;
> 雁阵惊寒,声断衡阳之浦。
>
> 《滕王阁序》

另外一位年轻人,也因为重阳节的际遇扬名。他就是初唐四杰的王勃。滕王阁上,眺望的广远、秋色的明丽跃然纸上。

《旧唐书·王勃传》记载,王勃的父亲时任交趾令,王勃

王勃作《滕王阁序》

前往看望父亲,在九月九日路过南昌时,洪州牧阎伯屿正在重修的滕王阁中宴请宾客及部属。他的本意是想夸耀自己女婿吴子章的才华,于是请出文房四宝,请宾客作序。宾客们都知道阎伯屿的那点小心思,无人动笔,想配合他演好这场戏。无奈,年仅十三四岁的愣头青王勃却给自己加了一出戏,他并不知道阎伯屿的想法,毫不谦让地动起笔来。阎伯屿很是恼怒,恨恨地想,倒要看看这个初生牛犊到底有多少本事。谁料王勃越写越好,当提笔写到"落霞与孤鹜齐飞,秋水共长天一色"时,全场拍案叫绝。王勃红了!

有人说,王勃当年十三岁。因为《太平广记》记载王勃"年十三省其父至江西"。也有人说他当时十四岁,五代时期王定保

记载:"王勃著《滕王阁序》,时年十四。"还有认为作于二十二岁、二十六岁、二十九岁(虚岁)的……他六岁提笔,被世人赞为"神童",直到二十七岁溺亡。这篇到底不知作于哪年重阳节的《滕王阁序》曾令王勃风光无限,也令后人唏嘘不已。

《醉花阴》,李清照一个人的重阳节

> 薄雾浓云愁永昼,瑞脑消金兽。佳节又重阳,玉枕纱厨,半夜凉初透。
>
> 东篱把酒黄昏后,有暗香盈袖。莫道不销魂,帘卷西风,人比黄花瘦。

读到这首词,是不是被作者的情绪牵动,一股淡淡的忧愁弥散开来?李清照怎么了?

《醉花阴》,写于公元1103年,很多人说,这是重阳佳节,独守空房的李清照写给负笈远游的新婚丈夫赵明诚的。公元1101年,李清照和赵明诚喜结连理,婚后,二人感情甚笃,重阳佳节到了,丈夫却不在身边,李清照有点"幽怨"了。她说,"薄雾浓云愁永昼",在李清照眼里,重阳节并不是秋高气爽怡人天儿,而是令人愁闷的"薄雾浓云"。其实,薄雾是不是真的那么令人烦闷呢?那倒未必。倒是词人心境的一种影射。连天气都可以随意影响心情了,看来,李清照的"相思病"害得不轻。

重阳佳节，家人难团聚，难怪凄凉之感油然而生。一个人过也要过。前有陶渊明"采菊东篱下，悠然见南山"，多么惬意潇洒。直到黄昏时分，词人强打精神，把酒赏菊。人与菊花两两相望，更添惆怅与落寞，这个时候，反而多了一丝落寞的美。西风渐紧，忽觉"人比黄花瘦"，多么深刻的离愁！

有人说，李清照的《醉花阴》是"不着一字，尽得风流。"所以后人在提到重阳佳节时，既有陶渊明的悠然自得，也有李清照触景生情的伤感。字里藏情，李清照为我们打开了另一面重阳。

诗人眼中的重阳节，怎能没有菊花

将菊花推上神坛的，是东晋田园诗人陶渊明。和屈原之于端午节的意义一样，陶渊明之于重阳节，就是一面精神的旗帜，陶渊明与菊花神交，后世无数文人雅士又借菊花想要与陶渊明神交。菊花成为重阳节重要的文化符号，而陶渊明也成为中国文人理想人格的写照。

> 结庐在人境，而无车马喧。
> 问君何能尔？心远地自偏。
> 采菊东篱下，悠然见南山。
> 山气日夕佳，飞鸟相与还。
> 此中有真意，欲辨已忘言。

陶渊明的世界，当是"我看菊花多妩媚，料菊花见我应如是"。菊花，是他的知己。所以苏东坡说"因采菊而见山，意与境会，此句最有妙处。"自陶渊明起，菊花被认为是"真君子"，拥有"如松柏一样坚韧"的品格。陶渊明希望菊花能在九月九日开，客人一同到来，便对着菊园许愿："菊花知我心，九月九日开；客人知我意，重阳一日来。"(《菊》)果然遂了他的愿。

没有人比陶渊明更懂得菊花，虽然唐宋两代，文人咏菊一浪高过一浪，甚至到了没有菊花就过不了重阳节的地步，但陶渊明的影子始终没有褪去，甚至在作诗作赋时，干脆化用"陶菊""篱菊"。"是节东篱菊，纷披为谁秀"（唐·杜甫《九日寄岑参》）"欲强登高无力去，篱边黄菊为谁开。"（唐·李嘉佑《答泉州薛播使君重阳日赠酒》）"绿丛篱菊点娇黄。过重阳。"（宋·高观国《江城子·绿丛篱菊点娇黄》）……

菊花知我心，九月九日开

"人生易老天难老,岁岁重阳,今又重阳,战地黄花分外香。一年一度秋风劲,不似春光,胜似春光,寥廓江天万里霜。"毛泽东写这首《采桑子·重阳》时,对革命的胜利充满了信心,所以笔下的秋光甚是明媚,豪迈乐观的情感扑面而来。

重阳佳节,这些诗人也发"朋友圈"

围绕着重阳登高、赏菊、饮酒聚会,古人写了不少经典的诗篇,重阳的民俗大观汇聚一堂,一幅幅重阳即景图铺陈开来。

唐代诗人王昌龄作了一首《九日登高》:

青山远近带皇州,霁景重阳上北楼。
雨歇亭皋仙菊润,霜飞天苑御梨秋。
茱萸插鬓花宜寿,翡翠横钗舞作愁。
漫说陶潜篱下醉,何曾得见此风流。

重阳,雨后初霁,登上北楼远眺,青山由近及远,京城万象尽收眼底。雨后的菊花状态极好,宛若仙姿。已是霜降时节,万物走向凋零,唯有菊花傲霜而开,所以菊花带着长寿的寓意。人们把茱萸插在老人的鬓角,祈愿他们长寿;盛装的妇女仪态万千,心中对亲人的思念却化作无边的愁绪。虽说陶渊明醉卧东篱的生活令人向往,但哪里又比得上如今长安城的重阳风流景致呢？

还有一首我们更为熟悉的《过故人庄》，诗人孟浩然用朴实的语言记录下重阳节当天于乡下农家一日游的畅快：

> 故人具鸡黍，邀我至田家。
> 绿树村边合，青山郭外斜。
> 开轩面场圃，把酒话桑麻。
> 待到重阳日，还来就菊花。

无论何时读到这里，轻松惬意的情绪跃然纸上。乡下的老朋友已经准备好了丰收的酒菜，与青山做伴，绿树环绕，这样的就餐体验实在太好了！所以走的时候厚着脸皮说，明年重阳时，还要来赏菊花。

> 江涵秋影雁初飞，与客携壶上翠微。
> 尘世难逢开口笑，菊花须插满头归。
> 但将酩酊酬佳节，不用登临恨落晖。
> 古往今来只如此，牛山何必独沾衣？
>
> 《九月齐山登高》

唐代诗人杜牧任池州刺史时，诗人张祜前来拜访，其实当时两人境遇都比较尴尬，受党争之苦，怀才不遇。失意外放的两个人，聚首重阳，登上齐山，饮酒赏菊外加吐槽，大倒苦水后，畅快不少，于是说"菊花须插满头归"，你看，生活虽然不尽如人意，但是节日终归是让人高兴的。

200多年后，元丰四年（1081年）的重阳节，苏轼已经流放到黄州整二年，吃穿是他日常要操心的头等大事。老朋友马梦得看不下去了，于黄州东门之外给他谋得了数十亩荒地。苏轼亲自耕作，乐在其中。因为这块地就在东边，苏轼于是给自己取了一个新名字，也就是后来我们大家都熟悉的"苏东坡"。这一年的重阳节，地里迎来了小小的丰收，苏东坡置办了一张简陋的酒席，几杯酒下肚，诗意大发，即兴写下《定风波·重阳》：

与客携壶上翠微，江涵秋影雁初飞，尘世难逢开口笑，年少，菊花须插满头归。
酩酊但酬佳节了，云峤，登临不用怨斜晖。古往今来谁不老，多少，牛山何必更沾衣。

听上去有些似曾相识？不错，正是从杜牧那首《九日齐山登高》中改过来的。虽然诗人心境差不多，但经苏东坡的妙笔一改，整首词的基调显得更加豁达。"生活虐我千百遍，我待生活如初恋"，生活不仅仅是要继续，而是要好好继续。

重阳佳景入画来

重阳,秋高气爽,自古以来就是一个登高宴饮、赏菊吟咏的好日子。历代诗人已经为我们用文字勾勒出了重阳节的许多画面,画家们或从中得到启发,或自己亲身体验,笔墨生花,留下不少传世的重阳佳作。

石涛《九月九日忆山东兄弟》诗意图

王维写了一首《九月九日忆山东兄弟》,石涛以此诗为引创作了一幅《九月九日忆山东兄弟》诗意图,诗中有画,画中有诗。

石涛生于1642年,是明朝靖江王后裔,幼年遭遇变故出家为僧,半世云游,以卖画为生,晚年定居扬州。与弘仁、髡残、朱耷合称清初"画坛四僧",存世作品有《搜尽奇峰打草稿图》《竹西图》等,著有《苦瓜和尚画语录》。

石涛一生背负着沉重的皇族后裔包袱辗转多地,颠沛流离。

石涛《九月九日忆山东兄弟》

清太史邵松年这样评价他，"一生郁勃之气，无所发泄，一寄于诗画，故有时如豁然长啸，有时若戚然长鸣，无不以笔墨之中寓之"。据说，石涛顿顿吃饭离不开苦瓜，甚至还把苦瓜供奉在案头，对苦瓜的特殊情感，与他的经历和心境都是分不开的。

石涛早年作品师法宋元诸家，画风疏秀明洁；晚年用笔纵肆，墨法淋漓，格法多变。他从天地自然中汲取创作源泉，看他的画，总会不自然地进入一个超凡脱俗、坐禅入定的世界。有评价说，以意念创造一个新的画中世界，这是石涛绘画艺术的最高境界，也是他的身世和佛、道思想作用于绘画的必然结果。

石涛的《九月九日忆山东兄弟》诗意图并不是一幅写实画作，只是恰如其分地融入了王维的诗意。重阳既然要登高，就要出现登高的地方，占据画面大部的，是连绵起伏的群山，细看，远山淡墨勾勒，倚天拔地，云雾缭绕；近处则怪石嶙峋，山岩突起。整幅画面流露出一种"自古逢秋悲寂寥，我言秋日胜春朝"的豪情。金风飒飒，秋树秀拙，房舍掩映，勾起了观者对两位画中人的浓厚兴趣。

仔细端详石涛这幅作品，可以在屋舍中发现两个指甲盖儿大小的人物。人物虽然刻画得很小，"戏"却不少。二人正在对坐品茗，也许正好是重阳清晨采摘的菊花泡的一壶菊花茶。他们在说什么呢？或许正在说今天的天气，或许在说往年重阳登高的趣事，或者只是聊着稀松平常的家事，又或者谈经论道，观云对弈。山水氤氲,旷远幽静,虽然不是画中人,也能感受到那份高雅超脱的闲情。

画的左上方以古拙汉隶题有《九月九忆山东兄弟》一诗;左下落款有"王维《九日忆山中兄弟作》,余以范宽笔意写之。清湘济。"说明此画风格传承宋代范宽的风格。作为山水画"北宋三大家"之一的范宽,不拘世故,能深入生活,穷究自然造化。他长期生活在陕西华山、终南山等地,深谙山水的壮阔雄浑。

既然是《九月九日忆山东兄弟》诗意图,壮丽的秋山有了,那么为何没有登高的兄弟,单见相对而坐的二人呢?大概画家想表达的是一种虽然隐于山林,也难免思念亲友的情感,更为这幅画添了许多人情味。

张大千《重阳登高图》

诗人王维在重阳日想起了自己的兄弟,也有人重阳登高怀念友人,他就是现代中国画大师张大千。

癸未重阳,也就是1943年重阳,大千先生在敦煌临摹壁画,结束后拟到兰州展览,途中接到身在重庆国民政府教育部任职的友人,著名画家和收藏家徐伯璞的索画书信,信中提及二人曾于济南游玩之事。正值重阳佳节,大千先生感念不已,于是在甘肃皋兰创作了《重阳登高图》,并且落款为"癸未重阳,伯璞仁兄书来属画,兼及乱离,济南关友声兄弟同游事,画成拈

二十八字求正,大千张爰,时在皋兰客次。"

大千先生在这里提到的济南关友生兄弟,是济南的"诗书画三绝"之人。家中收藏颇丰,琴棋书画诗词无所不工。抗战前,关友生与其兄关松坪共同主持齐鲁画社。1935年,大千先生携弟子何海霞到济南,入住关氏嘤园一月有余。曾为山东省督学的徐伯璞陪伴大千左右,与其谈诗论画,游湖听曲,相交相知。

《重阳登高图》是一幅立轴设色水墨画,纵84厘米,横37厘米,画面中,有一高一低两座山,画面唯一的人物只是登上了其中一座较矮的山头,正在眺望更高的山峰。既点了重阳登高的主题,又好似隐晦地在说,并不是想要一种"会当凌绝顶,一览众山小"的豪迈,只是有一块小小的高地可以祈福,可以怀古,可以思念亲人便可。

那更高的山峰上林木苍翠,有登山步道可至,似有无限风光。两山之间,有古树松柏,有楼台或是庙宇。整幅画面给人静默之感,又留有极大的想象空间。画旁题诗:"书来为说济南事,苦忆关家兄弟贤,正是鹊华好秋色,明湖听曲更何年?"

重阳即景,菊花占据半天边

说到重阳的应节画作,以菊花为主题,或者引菊花入题的画作占据了半壁江山。

宋代梁楷《东篱高士图》似乎在向我们传达重阳第一高士

陶渊明与菊花的关系。这幅作品纵71.5厘米，横36.7厘米；溪边是一棵高大的松树，占据了画面的主体部位，特别吸睛；树下一人，微胖，长髯，葛巾、宽袍，披梅花鹿皮，衣带飘然，眉目淡定，神情超然，左手持杖，右手把菊，正在面左而行。在他的前方，还有一座小桥，桥下是湍急的流水，背后是平缓辽阔的湖面，右下方的石坡下，有极小的署名"梁楷"。

高松、岩石、菊花、隐士，整幅画流淌着清逸高古的气韵。梁楷曾为画院待诏，赐金带，嗜酒性豪放，号曰"梁疯子"。画家并没有在任何一处表明画中的高士就是陶渊明，但后世很多人研究此图，猜测所绘高士为陶渊明的可能性极大。

画作名为《东篱高士图》，在中国传统文化语境中，高士，指那些志趣、品行高尚之人，他们超脱世俗，独善其身，往往隐居不仕。通过画作表现时，常以青松、修竹寓意人物品性高洁，注重意境的营造，令人回味悠长。

历代艺术家、创作者们为陶渊明假设了一些固定形象。最为熟悉的，也最深入人心的，就是他是一位头戴葛巾、身穿长袍、手握藜杖的长者形象。或许还应该眉目清秀，面容丰满，两袖飘飘。《东篱高士图》中的高士还拿着菊花，而陶渊明爱菊入骨，所以大家将画中的高士与陶渊明画等号。再加上画家梁楷本就是一个蔑视皇权、礼法，不耐画院规矩，将金带挂于院内而去的"疯子"，向往陶渊明超越世俗的羁绊。

古人在描绘陶渊明与菊的主题时，还有更"痴"一些表达。

比如明代陈洪绶作的《渊明戴菊花图》，画中的陶渊明头戴菊花拄杖而行；明代唐寅的《东篱赏菊图》则将观者带入"悠然见南山"的氛围，清乾隆皇帝题诗云："坐石高谈利断金，菊擎露盏涧调琴。重台莫认陶彭泽，诗画同斯别裁心。"满地风霜菊绽金，诗人与友人于长松下的岩石上侃侃而谈，旁边一童子在浇灌菊花，另两童子伺立在侧。正如画作的题诗"南山多少悠然趣，千载无人会此心。"

及至近现代，张大千、程十发、傅抱石等大家都曾作《渊明赏菊图》，可以说，陶渊明是菊之代言人，菊花也彰显着陶渊明人格之高洁。陶渊明与菊花，成为重阳节一对黄金搭档，为历代文人、画家钟情的重阳题材。

"晋陶渊明独爱菊"。自陶渊明后，菊花被人格化，被赋予了风骨清高、淡泊名利，极具生命力和气节的品格，成为高洁之士的精神象征。另一方面，寓意长寿、吉祥的菊花也荣升重阳节的代表花卉，成为重阳节画作最常见的主角。

比如，清代画家陈枚所作《月曼清游图》册中，就描绘了后宫嫔妃们重阳赏菊的雅事。因为明清时期，菊花栽培技术的提升，后妃们得以在宫廷中观赏到半人高的盆栽秋菊，而菊花的颜色也非常丰富：紫色、绿色、红色、黄色，引得后宫美人驻足细赏。同为清代画家的张同曾绘有《菊花图》，也有粉、黄、白、紫四色菊花。画作中，秋菊繁簇似锦，争奇斗艳，真真是"暗暗淡淡紫，融融冶冶黄"。（唐李商隐《菊花》）

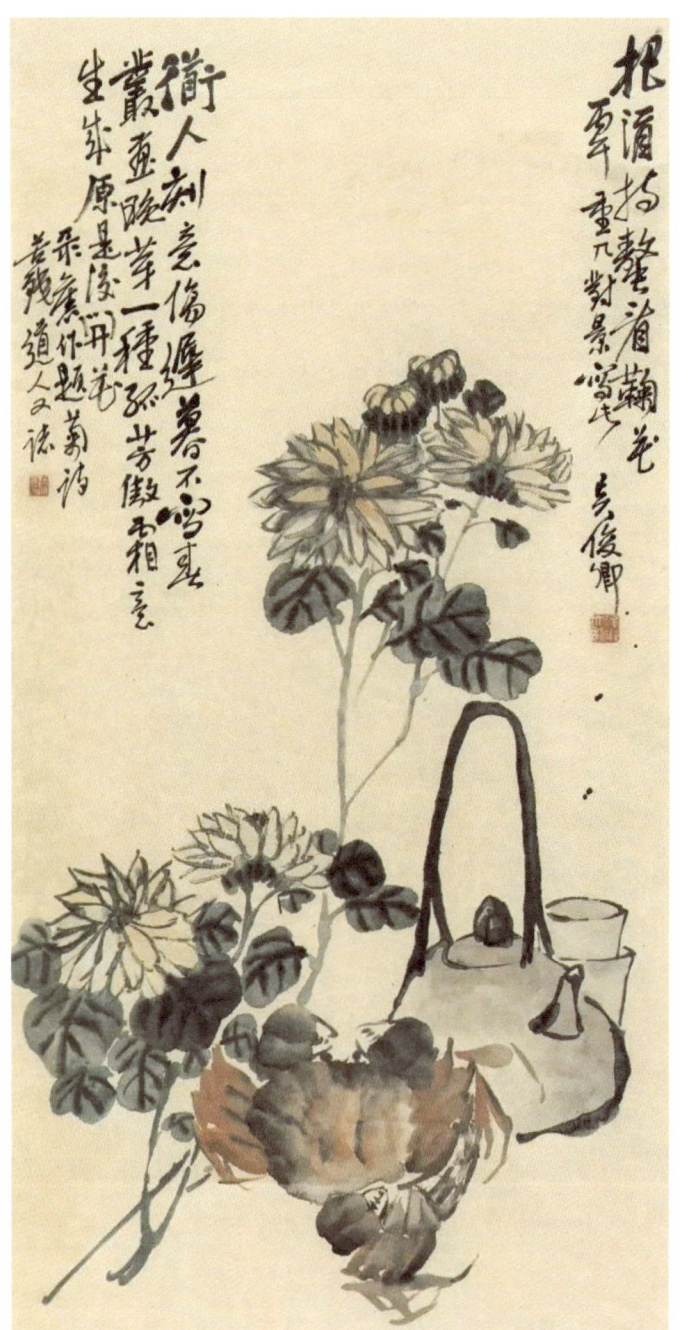

吴昌硕《重阳即景》

近现代画家中，也有频频以菊贺重阳者。齐白石曾作《重阳生日》图，落款为：重阳生日。夏衍先生生日重阳也，予补此为庆，九十三岁白石。夏衍先生重阳生辰，白石老人以红菊三朵贺之。

1906年，吴昌硕作《重阳即景》图。菊花一两枝，美酒一壶，螃蟹一二只，都是重阳即景。"一种孤芳傲霜意……把酒持螯看菊花"。

朱屺瞻也曾作《重阳菊蟹肥》，菊花、螃蟹、菊花酒点题，最可爱的是，一只螃蟹的腿调皮地伸进了酒杯中，让人忍俊不禁。

名家忆重阳

如果想不起重阳的样子来了，不妨去翻翻作家的往事。在他们的笔下，有生活的况味，有情感的流淌，还牵出不少画外音来。比如，《水浒传》里的重阳，就上演了一出重阳菊花宴的好戏，热闹是表面的，矛盾和危机正在赶来；苏童刻画了一个自称从小爱菊却独独不爱蟹爪菊的颂莲；汪曾祺爱菊，认为北京最好看的菊花在老舍先生家中，并称自己并不赞成菊花展，认为那是糟蹋了菊花；季羡林则忆及济南的重阳庙会，蹭了好看的节目，却遗憾没有吃到美食。

《水浒传》看宋江摆一轮重阳菊花宴

《水浒传》里一帮梁山好汉，能把个重阳佳节过成什么样子？

宋代，重阳赏菊之风盛行。农历九月，也因为被称为"菊月"，可谓无菊花不重阳。水泊梁山也不例外。

《水浒传》第七十一回写重阳节菊花会:"宋江便叫宋清安排大筵席,会众兄弟同赏菊花,唤做菊花之会……且说忠义堂上遍插菊花,各依次坐,分头把盏。堂前两边筛锣击鼓,大吹大擂,笑语喧哗,觥筹交错,众头领开怀痛饮。马麟品箫唱曲,燕青弹筝。不觉日暮。"

先来看参加者有哪些?"但有下山的兄弟们,不拘远近,都要招回寨来赴筵。"可见重阳赏菊会的重要性。在宋江看来,重阳赏菊大会不是给兄弟们设立的一场可参与可不参与的"工会活动",而是一项必须出席的"主题队会"。至于主题,庆重阳只是个幌子,宋江觉得重阳是个可以"打开天窗说亮话"的好时机,随时准备抛出招安的想法。所以,这场重阳菊花宴注定有一出好戏。

一开始,氛围还是挺和谐的。各兄弟依座次入席,推杯换盏,觥筹交错,笑声充斥着整个会场。不知不觉已经是日暮时分。大醉的宋江借着酒兴,叫人取来纸笔,作《满江红》一词。写毕,令乐和单唱这首词曲。

"喜遇重阳,更佳酿今朝新熟。见碧水丹山,黄芦苦竹。头上尽教添白发,鬓边不可无黄菊。"宋代,男人头上也要簪菊花,这并非为了爱美,而是为了求一个吉祥。宋江也不能免俗,甚至还专门提到这么一句。

唱到后半段,有人不那么高兴了。"愿樽前长叙弟兄情,如金玉。统豺虎,御边幅。号令明,军威肃。中心愿平虏,保民安国。日月常悬忠烈胆,风尘障却奸邪目。望天王降诏早招安,心方足。"

"正唱到'望天王降诏早招安',只见武松叫道:'今日也要招安,明日也要招安去,冷了弟兄们的心!'黑旋风便睁圆怪眼,大叫道:'招安,招安!招甚鸟安!'只一脚,把桌子踢起,撷做粉碎。"

原本和谐美好的节奏被打破了,矛盾开始突显,重阳菊花会最终不欢而散。不过,宋江在这次的菊花会上摸到了兄弟们的真实想法,虽然有少数人反对招安,但大部分人还是持边走边看的态度。于是,来年元宵佳节,宋江便带人到东京城走门路去了。

苏童写重阳赏菊,颂莲不爱蟹爪

著名作家苏童在《妻妾成群》中写了重阳过节的一个桥段。

"就是重阳节了,花匠把花园里的菊花盆全搬到一起去,五颜六色地搭成福、禄、寿、禧四个字。颂莲早早地起来,一个人绕着那些菊花边走边看。早晨有凉风,颂莲只穿了一件毛背心,她就抱着双肩边走边看。"

重阳节是个求寿、求福的日子,所以花匠把花园的菊花盆都搬到了一起,还别出心裁地搭成了福禄寿禧。农历九月初的重阳节,正逢金秋,秋高气爽,还不至于就冷下去了,所以颂莲只穿了一件毛背心。

"小妈"颂莲告诉同来赏菊的陈家大少爷飞浦,自己从小就喜欢菊花,并不是今天(重阳这一天)才喜欢的。飞浦问她最喜欢哪种?颂莲说她都喜欢,唯独不喜欢蟹爪。"飞浦说,那是为什么。颂莲说,蟹爪开得太张狂。飞浦又笑起来说,有意思了,我偏偏最喜欢蟹爪。颂莲睃了飞浦一眼,我猜到你会喜欢它。"

颂莲说的蟹爪菊,在乡间被称为螃蟹菊,因为它的舌状花瓣像极了张牙舞爪的螃蟹爪子。飞浦问她为什么不喜欢蟹爪菊,颂莲给他讲了一通浅显又故作深奥的道理:"花非花,人非人,花就是人,人就是花。"颂莲很聪明,她这一招的确成功引起了飞浦的兴趣,"飞浦的眼神里有一种异彩水草般地掠过,她看见了,她能够捕捉它"。

飞浦将蟹爪菊换成了墨菊。这种品种的菊花初花期为荷花型,盛花期为反卷型,花瓣质薄,颜色黑里透红、有光泽,并有绒光,花中心有筒状花。凝重不失活泼,华丽不失娇媚。倒是不俗。

这样一换,得到了颂莲的认可。颂莲说:"花都是好的,摆的字不好、大俗气。飞浦拍拍手上的泥,朝颂莲挤挤眼睛,那就没办法了,福禄寿禧是老爷让摆的,每年都这样,老祖宗传下来的规矩。"

一个受过新式教育的人,淡淡几句话,就能让陈家少爷对她刮目相看,觉得她有文化有个性,有点和别的女人不一样。

自重阳之后，颂莲和飞浦便有了某种默契，"颂莲想着飞浦如何把蟹爪搬走，有时会笑出声来"，其实颂莲自己并不是真的讨厌蟹爪菊，就像她并不是真的讨厌"张牙舞爪"的飞浦一样。

汪曾祺：北京最好的菊花在老舍家里

中国的菊花好，连日本人都是赞赏的。

汪曾祺老爷子在《北京的秋花》一文中讲了一则故事。"秋季广交会上摆了很多盆菊花。广交会结束了，菊花还没有完全开残。有一个日本商人问管理人员：'这些花你们打算怎么处理？'答云：'扔了！'——'别扔，我买。'他给了一点钱，把开得还正盛的菊花全部包了，订了一架飞机，把菊花从广州空运到日本，张贴了很大的海报：'中国菊展'。卖门票，参观的人很多。他捞了一大笔钱。"

日本商人真的是有商业头脑，中国商人其实也不赖。每年的重阳节，各地都会举办盛大的菊花展，有的免费，有的也是要收门票钱的。为了办好菊展，也动了些脑筋。

"中国人长于艺菊，不知始于何年，全国有几个城市的菊花都负盛名，如扬州、镇江、合肥，黄河以北，当以北京为最。"艺菊，是一种极具中国传统特色的菊花栽培形式，有独本菊、多头菊、案头菊、菊树、盆景菊等等。栽培技术要求高，难度最大，但是艺术性也最强。最是得到各类花展的青睐。

汪曾祺说，菊花的品种甚多，在众多的花卉中也许是最多的。他也认同，最初的菊大概只有黄色的说法，到了后来，渐渐发展到什么颜色都有，白色、紫色、红色、粉色……汪老先生并不认同挪威散文家别伦·别尔生的说法，认为只有菊花才有绿色。他说，牡丹、芍药、月季都有绿色的，但是"像绿菊那样绿得像初新的嫩蚕豆那样，确乎是没有。我几年前回乡，在公园里看到一盆绿菊，花大盈尺。"他还是肯定了绿菊的独特。

除了品种繁多，菊花花瓣的形状也多种多样，"有平瓣的、卷瓣的、管状瓣的。在镇江焦山见过一盆'十丈珠帘'，细长的管瓣下垂到地，说'十丈'当然不会，但三四尺是有的。"

但是菊花品种也有地域差异。虽然"狮子头、蟹爪、小鹅、金背大红……南北皆相似，有的连名字也相同。"但是北京就没有稀罕的"十丈珠帘"，也没有扬州人看重的色如初日晓云的

日本菊展造型

"晓色"。

那么北京最好的菊花又在哪里？汪曾祺老爷子直言不讳，在老舍先生家里。"老舍先生每年要请北京市文联、文化局的干部到他家聚聚，一次是腊月，老舍先生的生日（我记得是腊月二十三）；一次是重阳节左右，赏菊。老舍先生的哥哥很会莳弄菊花，花很鲜艳。"

1950年，老舍先生安家在北京东城丰富胡同19号，夫妇俩将庭院打理成花圃。他们最喜欢的树是柿子树，于是在院子里栽了两棵，短短几年光阴，就已经硕果累累，小院因此还得了个名字"丹柿小院"。除了柿子树，夫妇俩还喜欢各种花草，尤其是菊花。

老舍先生自己也说，"花虽然多，但没有奇花异草。珍贵的花草不易养活，看着一棵好花生病ые死是件难过的事。北京的气候，对养花来说不算很好。冬天冷，春天多风，夏天不是干旱就是大雨倾盆；秋天最好，可是忽然会闹霜冻。在这种气候里，想把南方的好花养活，我还没有那么大的本事。因此，我只养些好种易活、自己会奋斗的花草。"所以，好养活的菊花，老舍种了几百棵。有一年夏天，三百颗菊秧还没移入盆中，下了暴雨，邻居的墙倒了，菊秧被砸死三十多种，百来棵，全家人连着几天都没有笑容。

除了老舍先生家里的菊花，恐怕汪老爷子还惦记着老舍先生的重阳家宴，他说，老舍先生家的菜很有北京特点，酒敞开供应,既醉既饱,芝麻酱炖黄花鱼、"盒子菜"更是让他念念不忘。

重阳期间,北京城的菊花展颇多,有的久负盛名,可是汪曾祺却不喜欢。他说,"我不赞成搞菊山菊海,让菊花都按部就班、排排坐,或挤成一堆,闹闹嚷嚷。菊花还是得一棵一棵地看,一朵一朵地看。更不赞成把菊花缚扎成龙、成狮子,这简直是糟蹋了菊花。"

季羡林:重阳庙会,有气势有遗憾

季羡林,6岁到济南求学,从小学到中学,前后13年,清华大学毕业后又回到济南教书,季羡林对第二故乡济南的感情很深。他在《季羡林自传》中说:"……到济南去,可以说是我一生中最关键的一个转折点,否则我今天仍然会在故乡种地……"

济南有很多值得怀念的事情,其中就包括重阳节的庙会。说是庙会,其实根本就没有庙,姑且叫作庙会。季羡林说的济南庙会,指的是旧历九月初九,在南圩子门外大片空地上,西边一直到山水沟的庙会。

对于一个孩子来说,庙会自然是好玩的,来自全省甚至全国各地的艺人汇聚一堂,"有马戏团、杂技团、地方剧团、变戏法的、练武术的、说山东快书的、玩猴的、耍狗熊的等等等等,应有尽有。"这些表演并不是免费的,各圈地搭席棚围起来,留

重阳庙会最显眼的柿子摊

一出入口,收门票钱。这是几十年前的中国经常出现的场景。门票想来也是不贵的,所以老老少少都愿意去凑个热闹。"规模大小不同,席棚也就有大有小,总数至少有几十座。"方圆几十里都是席棚,季羡林说"颇有点动人的气势"。

除了好玩的,更有好吃的。卖东西的都是临时来的游摊,在季羡林的记忆中,有卖米粉的,炸丸子的,豆腐脑的,都是挑着担子来的；还有卖花生的、卖糖果的摊位，最显眼的还数柿子摊。"柿子是南山特产，个大色黄，非常吸引人——这一切混合起来，形成了一种人声嘈杂，歌吹沸天的气势，仿佛能南摇千佛山、北震大明湖、声撼济南城了。"

季羡林的学校，同庙会仅一墙之隔，庙会喧闹的声音一响，哪里还有心思放在学习上？所以，一有机会，他们就溜出学校，飞奔到庙会上一睹为快。席棚很多，几个精灵鬼还知道先拣大的去看。虽然门票钱应该也不贵，但几个孩子身无分文，这也不是什么难事！"好在我们都是三块豆腐干高的小孩子，混在购票观众中挤进去，也并不难。进去以后，就成了我们的天地，不管耍的是什么，我们总要看个够。看完了，走出来，再钻另外一个棚，几乎没有钻不进去的。实在钻不进去，就绕棚一周，看看哪一个地方有小洞，我们就透过小洞往里面看，也要看个够。"

就这样浑水摸鱼，一场连办十几天的庙会，无数大大小小的席棚，小小的季羡林们没有花一分钱就逛了个干净，你说得意不得意？但是遗憾也还是有的，看演出可以钻空子，但那些小食摊位却是没有办法可想的。"只好口流涎水，望望然而去之。虽然不无遗憾，也只能忍气吞声了。"

有惊喜有遗憾，才能终生难忘。